Dictionnaire portugais

de fréquence

Les 1000 mots les plus utilisés
au Portugal

par J'aime le portugais

ISBN : 9781700333148

Avant-propos

Le *Dictionnaire portugais de fréquence - Les 1000 mots les plus utilisés au Portugal* est un outil indispensable pour tous ceux qui apprennent le portugais européen.

Il recense les 1000 mots les plus fréquemment utilisés dans le langage écrit et parlé au Portugal.

Jusqu'à présent, il n'existait pas de dictionnaire de fréquence du portugais disponible en langue française. Pourtant, de nombreuses études ont montré le rôle important que joue le vocabulaire par fréquence dans l'apprentissage des langues étrangères.

Basé sur un corpus de plusieurs millions de mots répartis entre des retranscriptions de langage parlé, des textes de fiction et de non-fiction, dont la source est exclusivement du Portugal, ce dictionnaire fournit une liste détaillée du vocabulaire par ordre de fréquence d'utilisation, ainsi qu'un index alphabétique.

Chaque mot est présenté avec sa catégorie grammaticale, sa traduction en français, et un exemple simple d'utilisation dans un contexte usuel, en portugais et en français, pour faciliter l'assimilation, la mémorisation et la réutilisation du vocabulaire.

Le *Dictionnaire portugais de fréquence - Les 1000 mots les plus utilisés au Portugal* est une ressource efficace qui permet aux apprenants de tous niveaux de tirer le meilleur parti de leur apprentissage du vocabulaire portugais.

Les 1000 mots les plus fréquents d'une langue couvrent jusqu'à 75 % des articles de presse, 80 % des romans et 85 % des conversations (source : *Learning Vocabulary in Another Language, I.S.P. Nation, Cambridge University Presse 2001*).

Mémoriser en priorité les mots que l'on est susceptible d'entendre et d'utiliser le plus souvent est donc une technique logique, rapide et efficace dans l'apprentissage d'une langue étrangère. C'est la philosophie derrière ce dictionnaire portugais de fréquence, qui vous aidera à progresser facilement et rapidement dans votre apprentissage du portugais européen.

Table des matières

Invitation spéciale

J'aime le portugais vous aide à apprendre et parler le portugais européen avec confiance, du niveau débutant jusqu'au niveau intermédiaire, quelque soit votre âge ou vos expériences linguistiques; en vous offrant :

- des **contenus structurés et de qualité** basés sur le portugais vraiment utile, pour progresser rapidement

- des **contenus uniquement en portugais européen** (et non en portugais brésilien) pour apprendre la prononciation comme au Portugal

- un **accompagnement méthodologique** pour apprendre efficacement

- sous forme de **cours en ligne** et de **livres** numériques et imprimés.

Rejoignez la communauté *J'aime le portugais* et obtenez immédiatement le guide gratuit pour débuter en portugais européen en vous inscrivant sur notre site :

www.jaimeleportugais.com

Comment la liste des 1000 mots a-t-elle été construite ?

La liste de fréquence de ce dictionnaire est issue d'un corpus de plusieurs millions de mots portugais, proposé par *linguateca.pt*, répartis entre des textes oraux retranscrits, des textes de fiction et des textes de non-fiction.

Seul le corpus dont la source est exclusivement du Portugal a été extrait.

Cette liste a ensuite été retravaillée pour aboutir à une liste de 1000 mots classés par ordre de fréquence :

- suppression des mots au pluriel pour ne conserver que les mots au singulier ;
- regroupement des adjectifs au masculin et au féminin ;
- suppression des verbes conjugués pour ne conserver que le verbe à l'infinitif ;
- suppression des noms propres ;
- ajout de la catégorie grammaticale (adjectif, verbe, nom masculin, etc.) ;
- ajout d'exemples d'utilisation pour présenter le mot dans un contexte usuel simple.

Le chapitre *Dictionnaire par fréquence* présente les 1000 mots par ordre de fréquence : apparaissent d'abord les mots les plus fréquemment utilisés au Portugal, c'est-à-dire présentant le plus grand nombre d'occurrences dans la langue écrite et parlée, puis les mots de moins en moins courants.

Le chapitre *Index alphabétique* présente les 1000 mots par ordre alphabétique.

Liste des abréviations utilisées

Abréviation	*Signification*
adj	adjectif
adv	adverbe
art	article
conj	conjonction
interj	interjection
nf	nom féminin
nm	nom masculin
prép	préposition
pron	pronom
vb	verbe

Note : lorsque le mot issu de la liste de fréquence était un verbe conjugué, c'est son infinitif que nous avons reporté dans ce dictionnaire.

Dictionnaire par fréquence

1 **de** *prép* de, en, à
   - ▸ *uma nota **de** dez euros – un billet de dix euros*
   - ▸ *viajar **de** comboio – voyager en train*

2 **o, a** *art* le, la
   - ▸ ***o** livro do meu irmão – le livre de mon frère*
   - ▸ *Podes comer **a** maça. – Tu peux manger la pomme.*

3 **que** *conj ; pron* que
   - ▸ *Ela é mais velha do **que** ele. – Elle est plus vieille que lui.*
   - ▸ *O romance **que** li é bom. – Le roman que j'ai lu est bon.*

4 **e** *conj* et
   - ▸ *os cães **e** os gatos – les chiens et les chats*

5 **em** *prép* dans, en, à
   - ▸ *viver **em** Portugal – vivre au Portugal*
   - ▸ *Ele nasceu **em** 1973. – Il est né en 1973.*
   - ▸ *estar **no** quarto – être dans la chambre*

6 **um, uma** *art* un, une
   - ▸ ***um** homem e **uma** mulher – un homme et une femme*

7 **para** *prép* pour
   - ▸ *sair **para** fazer compras – sortir pour faire des achats*

8 **com** *prép* avec
   - ▸ *Ele comeu pão **com** manteiga. – Il a mangé du pain avec du beurre.*

9 **não** *adv* non, ne pas
   - ▸ ***não** fumador – non-fumeur*
   - ▸ ***Não** tenho fome. – Je n'ai pas faim.*

10 **por** *prép* par, pour
   - ▸ *Esse bolo foi feito **por** mim. – Ce gâteau a été fait par moi.*
   - ▸ *partir **por** um mês – partir pour un mois*

11 **se** *pron* se, vous (politesse)
   - ▸ *Eles encontraram-**se** no café. – Ils se sont rencontrés au café.*
   - ▸ *Você quer sentar-**se**? – Voulez-vous vous asseoir ?*

12 **ser** *vb* être

▸ ***ser*** *médico – être médecin*
▸ *Ela **é** simpática. – Elle est sympathique.*

13 **a** *prép* à

▸ *Vou **a** Paris. – Je vais à Paris.*
▸ *O caderno pertence **ao** João. – Le carnet appartient à João.*

14 **mais** *adv* plus

▸ *Preciso de **mais** tempo. – J'ai besoin de plus de temps.*

15 **como** *conj ; adv* comment, comme

▸ ***Como*** *fazer? – Comment faire ?*
▸ ***Como*** *ela é bonita! – Comme elle est belle !*

16 **seu, sua** *pron* son, sa, leur, votre (politesse)

▸ *o **seu** carro – sa voiture*
▸ *a **sua** irmã – sa sœur*
▸ *a **sua** dor – leur peine*

17 **ou** *conj* ou

▸ *chá **ou** café – du thé ou du café*

18 **mas** *conj* mais

▸ *O filme é bom, **mas** comprido. – Le film est bon, mais long.*

19 **já** *adv* déjà, tout de suite

▸ ***Já*** *acabei. – J'ai déjà fini.*
▸ *Eu volto **já**. – Je reviens tout de suite.*

20 **nos** *pron* nous

▸ *Ela viu-**nos**. – Elle nous a vus.*

21 **ano** *nm* année

▸ *Volto no **ano** seguinte. – Je reviens l'année prochaine.*

22 **ainda** *adv* encore

▸ ***Ainda*** *não está terminado. – Ce n'est pas encore terminé.*

23 **entre** *prép* entre

▸ ***entre*** *abril e junho – entre avril et juin*

24 **sobre** *prép* sur, à propos

▸ *uma reportagem **sobre** os lobos – un reportage sur les loups*

25 **também** *adv* aussi

▸ *Ela **também** fala inglês. – Elle parle aussi anglais.*

26 **ter** *vb* avoir

▸ ***ter** muito dinheiro – avoir beaucoup d'argent*

▸ *A casa **tem** um quarto. – La maison a une chambre.*

27 **estar** *vb* être (état, condition)

▸ ***estar** em casa – être à la maison*

▸ ***Estou** doente. – Je suis malade.*

28 **muito, muita** *adv ; pron* très, beaucoup, beaucoup de

▸ *Escrevi **muitas** cartas. – J'ai écrit beaucoup de lettres.*

▸ *Está **muito** frio. – Il fait très froid.*

29 **haver** *vb* y avoir

▸ ***Há** várias possibilidades. – Il y a plusieurs possibilités.*

30 **dois, duas** *adj* deux

▸ *uma ausência de **dois** meses – une absence de deux mois*

▸ *as **duas** mãos – les deux mains*

31 **ontem** *adv* hier

▸ ***Ontem** não saí. – Hier je ne suis pas sorti.*

32 **até** *prép ; adv* jusque, même

▸ *contar **até** dez – compter jusqu'à dix*

▸ *Ele **até** estuda de noite. – Il étudie même la nuit.*

33 **mesmo, mesma** *adj ; pron* même

▸ *da **mesma** forma – de la même façon*

▸ *Penso o **mesmo**. – Je pense de même.*

34 **onde** *adv ; pron* où

▸ ***Onde** estás? – Où es-tu ?*

▸ *a cidade **onde** moro – la ville où j'habite*

35 **sem** *prép* sans

▸ ***sem** dinheiro – sans argent*

36 **só** *adv ; adj* seulement, seul, seule

▸ *Ele **só** gosta de cinema. – Il aime seulement le cinéma.*

▸ *uma **só** vez – une seule fois*

37 quando *conj ; adv* quand

- *Chama-me **quando** chegares. – Appelle-moi quand tu arrives.*
- ***Quando** é a próxima paragem? – Quand est le prochain arrêt ?*

38 cento (por cento) *nm* pour cent

- *um desconto de quinze por **cento** – une remise de quinze pour cent*

39 depois *adv* après

- *Falamos **depois**. – On parle après.*

40 este, esta *adj ; pron* ce, cette, celui-ci, celle-ci

- ***esta** caneta – ce stylo*
- *O meu livro é **este**. – Mon livre est celui-ci.*

41 dia *nm* jour

- *Bom **dia**! – Bonjour !*

42 mil *adj* mille

- *dois **mil** anos – deux mille ans*

43 porque *conj* parce que

- *Ele não veio **porque** estava doente. – Il n'est pas venu parce qu'il était malade.*

44 todo, toda *adj* tout, toute

- ***todos** os dias – tous les jours*

45 vez *nf* fois

- *É a primeira **vez** que a vejo. – C'est la première fois que je la vois.*

46 ir *vb* aller

- ***ir** trabalhar – aller travailler*
- ***Vou** à estação a pé. – Je vais à la gare à pied.*

47 três *adj* trois

- *estudar durante **três** anos – étudier pendant trois ans*

48 contar *vb* compter, raconter

- ***contar** o número de pessoas – compter le nombre de personnes*
- *A tua amizade **conta** muito para mim. – Ton amitié compte beaucoup pour moi.*

49 parte *nf* partie

- *ler uma **parte** do jornal – lire une partie du journal*

50 fazer *vb* faire

- ***fazer** uma viagem – faire un voyage*
- *O que **fazes** na vida? – Que fais-tu dans la vie ?*

51 grande *adj* grand, grande

▸ *uma **grande** diferença de preços – une grande différence de prix*

52 bem *adv* bien

▸ *Como estás? Estou **bem**. – Comment vas-tu ? Je vais bien.*

53 apenas *adv* seulement, juste, dès que

▸ *Quero **apenas** leite. – Je veux juste du lait.*

▸ ***Apenas** me viu, fugiu logo. – Dès qu'il m'a vu, il s'est enfui immédiatement.*

54 governo *nm* gouvernement

▸ *os membros do **governo** – les membres du gouvernement*

55 tempo *nm* temps

▸ *mau **tempo** – mauvais temps*

56 milhão *nm* million

▸ *trinta **milhões** de habitantes – trente millions d'habitants*

57 poder *vb ; nm* pouvoir

▸ ***Podes** falar. – Tu peux parler.*

▸ *o **poder** de compra – le pouvoir d'achat*

58 contra *prép* contre

▸ *lutar **contra** a violência – lutter contre la violence*

59 agora *prép* maintenant

▸ *Posso ir **agora**. – Je peux venir maintenant.*

60 lhe *pron* lui, vous

▸ *Dei-**lhe** o jornal. – Je lui ai donné le journal.*

61 presidente *nm* président

▸ *o **Presidente** da República – le président de la République*

62 quem *pron* qui

▸ ***Quem** é? – Qui est-ce ?*

▸ *o rapaz com **quem** falei – le garçon avec qui j'ai parlé*

63 segundo, segunda *adj ; nom ; prép* deuxième, seconde, selon

▸ *capítulo **segundo** – deuxième chapitre*

▸ *Um minuto tem sessenta **segundos**. – Une minute a soixante secondes.*

▸ *trabalhar **segundo** as normas – travailler selon les normes*

64 isso *pron* ça, cela

▸ *Não quero **isso**. – Je ne veux pas ça.*

65 **outro, outra** *adj ; pron* autre

 ▸ *comer **outra** coisa – manger autre chose*
 ▸ *Os **outros** vêm mais tarde. – Les autres viennent plus tard.*

66 **país** *nm* pays

 ▸ ***países** em guerra – des pays en guerre*

67 **hoje** *adv* aujourd'hui

 ▸ *Parto **hoje**. – Je pars aujourd'hui.*

68 **sempre** *adv* toujours

 ▸ *estar **sempre** contente – être toujours content*

69 **ele, ela** *pron* il, elle, lui

 ▸ ***Ela** é a minha amiga. – Elle est mon amie.*
 ▸ *maior do que **ele** – plus grand que lui*

70 **dizer** *vb* dire

 ▸ ***dizer** a verdade – dire la vérité*
 ▸ ***Digamos** amanhã às 8h. – Disons demain à 8h.*

71 **menos** *adv ; pron* moins, sauf

 ▸ *comprar **menos** coisas – acheter moins de choses*
 ▸ *Todos gostam, **menos** ela. – Tout le monde aime, sauf elle.*

72 **nem** *conj* ni

 ▸ *Ela ficou só sem pai **nem** mãe. – Elle est restée seule sans père ni mère.*

73 **pessoa** *nf* personne

 ▸ *uma **pessoa** simpática – une personne sympathique*

74 **tudo** *pron* tout

 ▸ *Fiz **tudo** o que pude. – J'ai fait tout ce que j'ai pu.*

75 **assim** *adv* ainsi, donc, de cette façon

 ▸ *Venham cedo, **assim** poderemos conversar. – Venez tôt, ainsi nous pourrons discuter.*

76 **estado** *nm* état

 ▸ *um carro em bom **estado** – une voiture en bon état*

77 **caso** *nm* cas, affaire, histoire

 ▸ *um **caso** estranho – une affaire étrange*

78 **primeiro, primeira** *adj ; adv* premier, première

 ▸ *a **primeira** vez – la première fois*
 ▸ *Ela chegou **primeiro**. – Elle est arrivée en premier.*

79 **durante** *prép* pendant

▸ *trabalhar **durante** muitos anos – travailler pendant beaucoup d'années*

80 **qualquer** *adj ; pron* n'importe quel(le), n'importe lequel, n'importe laquelle

▸ *a **qualquer** preço – à n'importe quel prix*

▸ *Traz-me **qualquer**. – Apporte-moi n'importe lequel.*

81 **forma** *nf* forme, façon

▸ *a **forma** de um objeto – la forme d'un objet*

▸ *de qualquer **forma** – de toute façon (de n'importe quelle façon)*

82 **desde** *prép ; conj* depuis

▸ *Não trabalho **desde** o verão. – Je ne travaille pas depuis l'été.*

▸ *Ele não disse nada **desde** que chegou. – Il n'a rien dit depuis qu'il est arrivé.*

83 **algum, alguma** *pron* quelque, un peu

▸ *Vou ficar aqui **algum** tempo. – Je vais rester ici quelque temps.*

84 **novo, nova** *adj* jeune, nouveau, nouvelle

▸ *um **novo** romance – un nouveau roman*

85 **cerca** *adv* près, environ, à peu près, autour, aux alentours

▸ *Ele tem **cerca** de sessenta anos. – Il a environ soixante ans.*

86 **política** *nf* politique

▸ *a **política** de um governo – la politique d'un gouvernement*

87 **me** *pron* me, moi

▸ *Chamo-**me** Ana. – Je m'appelle Ana.*

▸ *Dá-**me** a caneta. – Donne-moi le stylo.*

88 **vida** *nf* vie

▸ *ter uma **vida** longa – avoir une longue vie*

89 **maior** *adj* plus grand, plus grande, majeur, majeure

▸ *Este quarto é **maior** do que aquele. – Cette pièce est plus grande que celle-là.*

▸ *Ela é **maior** e pode votar. – Elle est majeure et peut voter.*

90 **público, pública** *adj ; nm* public, publique

▸ *escola **pública** – école publique*

▸ *aberto ao **público** – ouvert au public*

91 **lado** *nm* côté

▸ *o **lado** direito da cara – le côté droit du visage*

92 **trabalho** *nm* travail

▸ *ir para o **trabalho** – aller au travail*

93 **final** *adj ; nf* final, finale

▸ *a cena **final** do filme – la scène finale du film*
▸ *a **final** da taça da Europa – la finale de la coupe d'Europe*

94 **passar** *vb* passer

▸ ***passar** um bom momento – passer un bon moment*
▸ *A rádio **passa** boa música. – La radio passe de la bonne musique.*

95 **câmara** *nf* chambre, caméra

▸ ***câmara** municipal – mairie (chambre municipale)*
▸ ***câmara** fotográfica – appareil photographique*

96 **cada** *pron* chaque, chacun, chacune, tous les, toutes les

▸ *Ela visita a mãe **cada** três dias. – Elle rend visite à sa mère tous les trois jours.*

97 **eu** *pron* je, moi

▸ ***Eu** não sei. – Je ne sais pas.*
▸ ***eu** próprio – moi-même*

98 **pouco, pouca** *adj ; adv* peu de, peu

▸ ***poucas** pessoas – peu de personnes*
▸ *comer **pouco** – manger peu*

99 **situação** *nf* situation

▸ *a **situação** económica do país – la situation économique du pays*

100 **facto** *nm* fait

▸ *dar a conhecer os **factos** – faire connaître les faits*

101 **antes** *adv* avant, plutôt

▸ *Eu cheguei **antes** dela. – Je suis arrivé avant elle.*
▸ *Lê **antes** este artigo. – Lis plutôt cet article.*

102 **ver** *vb* voir

▸ ***ver** um espetáculo – voir un spectacle*
▸ *Eles **veem**-se pouco. – Ils se voient peu.*

103 **quatro** *adj* quatre

▸ ***quatro** quilos de cenouras – quatre kilos de carottes*

104 **grupo** *nm* groupe

▸ *um **grupo** de músicos – un groupe de musiciens*

105   melhor, melhora   *adj ; adv*   meilleur, meilleure, mieux

▸   *Este bolo é **melhor** do que aquele. – Ce gâteau est meilleur que celui-là.*

▸   *estar **melhor** – aller mieux*

106   tão   *adv*   aussi, tellement

▸   *Ele é **tão** alto como ela. – Il est aussi grand qu'elle.*

▸   *Ela é **tão** linda! – Elle est tellement belle !*

107   fim   *nm*   fin

▸   *no **fim** do mês – à la fin du mois*

108   acordo   *nm*   accord

▸   *Ele deu o seu **acordo** ao projeto. – Il a donné son accord au projet.*

109   se   *conj*   si

▸   *Ele não sabe **se** vai conseguir. – Il ne sait pas s'il va réussir.*

110   processo   *nm*   procédé, processus

▸   *um **processo** moderno – un procédé moderne*

111   quase   *adv*   presque

▸   *São **quase** seis horas. – Il est presque six heures.*

112   lugar   *nm*   endroit, place

▸   *Ela vive num **lugar** bonito. – Elle vit dans un bel endroit.*

113   cidade   *nf*   ville

▸   *uma **cidade** cosmopolita – une ville cosmopolite*

114   equipa   *nf*   équipe

▸   *uma **equipa** de futebol – une équipe de football*

115   empresa   *nf*   entreprise

▸   *trabalhar numa **empresa** – travailler dans une entreprise*

116   qual   *pron*   lequel, laquelle, quel, quelle

▸   *A cidade na **qual** ele nasceu. – La ville dans laquelle il est né.*

▸   ***Qual** é o menor? – Quel est le plus petit ?*

117   casa   *nf*   maison

▸   *uma **casa** com jardim – une maison avec jardin*

118   projeto   *nm*   projet

▸   *ter **projetos** para as férias – avoir des projets pour les vacances*

119 **ministro** *nm* ministre
- ▸ *o primeiro-**ministro** – le premier ministre*

120 **querer** *vb* vouloir, aimer
- ▸ ***querer** muito a alguém – aimer beaucoup quelqu'un*
- ▸ *Não **quero** estudar. – Je ne veux pas étudier.*

121 **mundo** *nm* monde
- ▸ *a origem do **mundo** – l'origine du monde*

122 **cinco** *adj* cinq
- ▸ *A revista custa **cinco** euros. – La revue coûte cinq euros.*

123 **enquanto** *conj* pendant que
- ▸ *Ele chegou **enquanto** eu dormia. – Il est arrivé pendant que je dormais.*

124 **jogo** *nm* jeu, partie
- ▸ *fazer um **jogo** de cartas – faire une partie de cartes*

125 **nunca** *adv* jamais
- ▸ ***Nunca** é tarde para aprender. – Il n'est jamais trop tard pour apprendre.*

126 **mercado** *nm* marché
- ▸ *Vou ao **mercado**. – Je vais au marché.*

127 **semana** *nf* semaine
- ▸ *trabalhar durante a **semana** – travailler pendant la semaine*

128 **então** *adv* alors
- ▸ ***Então**, o que aconteceu? – Alors, que s'est-il passé ?*

129 **noite** *nf* nuit
- ▸ *Boa **noite**! – Bonne nuit !*

130 **tal** *adj* tel, telle
- ▸ ***tal** mãe, **tal** filha – telle mère, telle fille*

131 **número** *nm* nombre, numéro
- ▸ *um grande **número** de pessoas – un grand nombre de personnes*

132 **dar** *vb* donner
- ▸ ***dar** uma prenda – faire un cadeau*
- ▸ ***Dá**-me as chaves! – Donne-moi les clés !*

133 **nacional** *adj* national, nationale
- ▸ *a bandeira **nacional** – le drapeau national*

134 mês *nm* mois

▸ *no **mês** de junho – au mois de juin*

135 questão *nf* question

▸ *É uma **questão** delicada. – C'est une question délicate.*

136 português, portuguesa *nom ; adj* portugais, portugaise

▸ *falar **português** – parler portugais*

137 partir *vb* partir

▸ ***partir** em viagem – partir en voyage*
▸ *Ela já **partiu**. – Elle est déjà partie.*

138 homem *nm* homme

▸ *um **homem** de negócios – un homme d'affaires*

139 além *adv* plus loin, là-bas, au-delà

▸ ***além** das esperanças – au-delà des espérances*

140 entanto *adv* cependant

▸ *É difícil, no **entanto** habituo-me. – C'est difficile, cependant je m'habitue.*

141 momento *nm* moment

▸ *escolher o bom **momento** – choisir le bon moment*

142 exemplo *nm* exemple

▸ *Portugal seguiu o **exemplo** de outros países. – Le Portugal a suivi l'exemple d'autres pays.*

143 possível *adj* possible

▸ *É **possível** que chova amanhã. – Il est possible qu'il pleuve demain.*

144 nome *nm* nom

▸ *Qual é o seu **nome?** – Quel est votre nom ?*

145 tarde *nf ; adv* après-midi, tard

▸ *Trabalho todas as **tardes**. – Je travaille tous les après-midi.*
▸ *deitar-se **tarde** – se coucher tard*

146 meio, meia *nm ; adj* milieu, moitié, moyen, demi

▸ *no **meio** da sala – au milieu de la pièce*
▸ *usar todos os **meios** possíveis – utiliser tous les moyens possibles*
▸ *uma **meia** garrafa – une demi-bouteille*

147 lá *adv* là-bas

▸ *Ela mora **lá**. – Elle habite là-bas.*

148 aqui *adv* ici

▸ *O meu amigo trabalha **aqui**. – Mon ami travaille ici.*

149 relação *nf* relation

▸ *a **relação** entre dois acontecimentos – la relation entre deux événements*

150 social *adj* social, sociale

▸ *as relações **sociais** – les relations sociales*

151 frente *nf* devant

▸ *a **frente** de uma casa – le devant d'une maison*

152 hora *nf* heure

▸ *esperar duas **horas** pelo avião – attendre l'avion deux heures*

153 fora *adv* dehors, à l'étranger

▸ *Os filhos brincam **fora**. – Les enfants jouent dehors.*

▸ *estar **fora** – être à l'étranger*

154 próximo, próxima *adj* proche, prochain, prochaine

▸ *a **próxima** semana – la semaine prochaine*

155 através *adv* à travers

▸ *olhar **através** do vidro – regarder à travers la vitre*

156 local *nm ; adj* endroit, local, locale

▸ ***local** de nascimento – lieu de naissance*

▸ *hora **local** – heure locale*

157 problema *nm* problème

▸ *o **problema** do desemprego – le problème du chômage*

158 ponto *nm* point

▸ ***ponto** de partida – point de départ*

159 altura *nf* taille, hauteur, moment, époque

▸ *a **altura** de uma pessoa – la taille d'une personne*

▸ *Eles chegaram na **altura** certa. – Ils sont arrivés au bon moment.*

160 causa *nf* cause

▸ *defender uma **causa** justa – défendre une cause juste*

161 isto *pron* ceci

▸ ***Isto** não é bom. – Ceci n'est pas bon.*

162 esse, essa *adj ; pron* ce, cette, celui-là, celle-là

- ▸ *essa saia – cette jupe*
- ▸ *O meu casaco é esse, o azul. – Mon manteau est celui-là, le bleu.*

163 república *nf* république

- ▸ *A república substituiu a monarquia. – La république a remplacé la monarchie.*

164 obra *nf* œuvre, ouvrage

- ▸ *uma obra literária – une œuvre littéraire*

165 parecer *vb* paraître, ressembler à

- ▸ *parecer severo – paraître sévère*
- ▸ *Eles parecem contentes. – Ils semblent contents.*

166 sistema *nm* système

- ▸ *o sistema digestivo – le système digestif*

167 conta *nf* addition, compte

- ▸ *pedir a conta – demander l'addition*

168 dever *vb* devoir

- ▸ *dever cem euros a alguém – devoir cent euros à quelqu'un*
- ▸ *Deves ir ao médico. – Tu dois aller chez le médecin.*

169 capital *nom ; adj* capital, capitale

- ▸ *Lisboa é a capital de Portugal. – Lisbonne est la capitale du Portugal.*
- ▸ *um assunto capital – un sujet capital*

170 próprio, própria *adj* propre, même

- ▸ *viajar no seu próprio carro – voyager dans sa propre voiture*

171 meu, minha *adj ; pron* mon, ma, le mien, la mienne

- ▸ *a minha mãe – ma mère*
- ▸ *Este caderno é o meu. – Ce carnet est le mien.*

172 pois *conj* car, alors

- ▸ *Ele não pode vir pois está cansado. – Il ne peut pas venir car il est fatigué.*

173 último, última *adj* dernier, dernière

- ▸ *as últimas notícias – les dernières nouvelles*

174 sentido *nm* sens

- ▸ *Qual é o sentido dessa palavra? – Quel est le sens de ce mot ?*

175 condição *nf* condition

- ▸ *estar em boa condição física – être en bonne condition physique*

176 **falta** *nf* manque, faute, absence

> ▸ ***falta** de comida – manque de nourriture*

177 **quanto, quanta** *adj ; pron ; adv* combien

> ▸ ***Quantas** pessoas? – Combien de personnes ?*
> ▸ *Não sei **quanto** custa. – Je ne sais pas combien ça coûte.*

178 **guerra** *nf* guerre

> ▸ *estar em **guerra** – être en guerre*

179 **reunião** *nf* réunion

> ▸ *marcar uma **reunião** – fixer une réunion*

180 **maioria** *nf* majorité

> ▸ *A **maioria** dos participantes são mulheres. – La majorité des participants sont des femmes.*

181 **início** *nm* début

> ▸ *no **início** da semana – en début de semaine*

182 **após** *prép* après

> ▸ ***Após** a guerra, a paz. – Après la guerre, la paix.*

183 **apesar** *prép* malgré

> ▸ *Saí **apesar** do frio. – Je suis sorti malgré le froid.*

184 **comissão** *nf* commission

> ▸ *O banco cobra uma **comissão** de 5% – La banque prend une commission de 5%.*

185 **seis** *adj* six

> ▸ *capítulo **seis** – chapitre six*

186 **decisão** *nf* décision

> ▸ *tomar uma **decisão** – prendre une décision*

187 **embora** *conj* bien que

> ▸ *Ele é bom aluno, **embora** não estude muito. - C'est un bon élève, bien qu'il n'étudie pas beaucoup.*

188 **atual** *adj* actuel, actuelle

> ▸ *o governo **atual** – le gouvernement actuel*

189 **história** *nf* histoire

> ▸ *a **história** do povo português – l'histoire du peuple portugais*

190 **área** *nf* aire, zone, domaine

> ▸ ***área** reservada a deficientes – zone réservée aux handicapés*
> ▸ *trabalhar na **área** da cultura – travailler dans le domaine de la culture*

191 eleição *nf* élection
> ‣ a **eleição** do presidente – l'élection du président

192 zona *nf* zone, région
> ‣ **zona** industrial – zone industrielle

193 lei *nf* loi
> ‣ cumprir a **lei** – respecter la loi

194 nível *nm* niveau
> ‣ o **nível** da água – le niveau de l'eau

195 posição *nf* position
> ‣ chegar em primeira **posição** – arriver en première position

196 afirmar *vb* affirmer
> ‣ **afirmar** a sua autoridade – affirmer son autorité
> ‣ Ela **afirmou** que não o conhecia. – Elle a affirmé qu'elle ne le connaissait pas.

197 logo *adv* tout de suite, immédiatement, tout à l'heure
> ‣ Volta **logo**! – Reviens immédiatement !
> ‣ Até **logo**! – À tout à l'heure !

198 construção *nf* construction
> ‣ a **construção** de uma escola – la construction d'une école

199 apoio *nm* appui, soutien
> ‣ Ele deu um **apoio** total ao meu projeto. – Il a accordé un soutien total à mon projet.

200 encontrar *vb* trouver, rencontrer
> ‣ **encontrar** algo que estava perdido – trouver quelque chose qui était perdu
> ‣ **Encontrei** um amigo na rua. – J'ai rencontré un ami dans la rue.

201 nada *pron* rien
> ‣ Ele não disse **nada**. – Il n'a rien dit.

202 o, a *pron* le, la
> ‣ Vejo-**a** muito bem. – Je la vois très bien.

203 tanto *adj ; adv* tant, tellement, autant
> ‣ Esperei **tanto** tempo! – J'ai attendu tant de temps !
> ‣ Ele lê **tanto**. – Il lit tellement.

204 ministério *nm* ministère
> ‣ o **Ministério** da Economia – le ministère de l'Économie

205 **conselho** *nm* conseil
- ▸ *dar um **conselho** a um amigo – donner un conseil à un ami*

206 **responsável** *adj* responsable
- ▸ *ser **responsável** de um acidente – être responsable d'un accident*

207 **coisa** *nf* chose
- ▸ *fazer uma **coisa** importante – faire une chose importante*

208 **região** *nf* région
- ▸ *uma **região** agrícola – une région agricole*

209 **líder** *nm* chef
- ▸ *ser o **líder** de uma organização – être le chef d'une organisation*

210 **futuro, futura** *nm ; adj* futur, future
- ▸ *O **futuro** o dirá. – L'avenir le dira.*
- ▸ *as gerações **futuras** – les générations futures*

211 **bom, boa** *adj* bon, bonne
- ▸ ***Boas** férias! – Bonnes vacances !*

212 **modo** *nm* manière, mode
- ▸ ***modo** de pagamento – mode de paiement*

213 **morte** *nf* mort
- ▸ *a pena de **morte** – la peine de mort*

214 **vários, várias** *adj* plusieurs, divers, diverses
- ▸ ***várias** pessoas – plusieurs personnes*

215 **sobretudo** *adv* surtout
- ▸ *Gosto **sobretudo** de nadar. – J'aime surtout nager.*

216 **proposta** *nf* proposition
- ▸ *fazer uma **proposta** – faire une proposition*

217 **valor** *nm* valeur
- ▸ *um objeto com muito **valor** – un objet de grande valeur*

218 **dentro** *adv* dans, d'ici, à l'intérieur
- ▸ *A chave está **dentro** da mala. – La clé est dans le sac.*

219 **junto, junta** *adj ; adv* joint, jointe, ensemble, au côté de
- ▸ *com as mãos **juntas** – les mains jointes*
- ▸ *andar **junto** com alguém – marcher au côté de quelqu'un*

220 **dez** *adj* dix

- ▸ *dez pessoas – dix personnes*

221 **nosso, nossa** *adj ; pron* notre, nôtre

- ▸ *os **nossos** amigos – nos amis*
- ▸ *Esta bola é a **nossa**. – Ce ballon est le nôtre.*

222 **nós** *pron* nous

- ▸ ***Nós** somos jovens. – Nous sommes jeunes.*

223 **ideia** *nf* idée

- ▸ *ter muitas **ideias** – avoir beaucoup d'idées*

224 **espaço** *nm* espace

- ▸ *deixar um **espaço** entre as cadeiras – laisser un espace entre les chaises*

225 **água** *nf* eau

- ▸ *É preciso beber **água**. – Il faut boire de l'eau.*

226 **resultado** *nm* résultat

- ▸ *o **resultado** do jogo – le résultat du match*

227 **direção** *nf* direction

- ▸ *a **direção** da empresa – la direction de l'entreprise*

228 **direito, direita** *nm ; adj* droit, droite

- ▸ *Não temos o **direito** de fazer isso.– Nous n'avons pas le droit de faire cela.*
- ▸ *O quadro não está **direito**. – Le tableau n'est pas droit.*

229 **sob** *prép* sous

- ▸ ***sob** o guarda-chuva – sous le parapluie*

230 **serviço** *nm* service

- ▸ *O **serviço** é rápido. – Le service est rapide.*

231 **segurança** *nf* sécurité

- ▸ *sentir-se em **segurança** – se sentir en sécurité*

232 **verdade** *nf* vérité

- ▸ *dizer a **verdade** – dire la vérité*

233 **importante** *adj* important, importante

- ▸ *uma obra **importante** – une œuvre importante*

234 **saber** *vb* savoir
- ▸ *saber falar uma língua – savoir parler une langue*
- ▸ *Sei que é verdade. – Je sais que c'est vrai.*

235 **música** *nf* musique
- ▸ *a música clássica – la musique classique*

236 **trabalhador** *nm* travailleur
- ▸ *um trabalhador agrícola – un travailleur agricole*

237 **tipo** *nm* type
- ▸ *um tipo de doença – un type de maladie*

238 **união** *nf* union
- ▸ *A união faz a força. – L'union fait la force.*

239 **dinheiro** *nm* argent
- ▸ *ter pouco dinheiro – avoir peu d'argent*

240 **unido, unida** *adj* uni, unie
- ▸ *dois irmãos muito unidos – deux frères très unis*

241 **ficar** *vb* rester, être, se situer, devenir
- ▸ *ficar triste – devenir triste*
- ▸ *Fica comigo! – Reste avec moi !*
- ▸ *A minha casa fica ao pé da estação. – Ma maison est à côté de la gare.*

242 **mulher** *nf* femme
- ▸ *uma mulher de quarenta anos – une femme de quarante ans*

243 **longo, longa** *adj* long, longue
- ▸ *um livro longo – un livre long*

244 **ação** *nf* action
- ▸ *A ação do romance situa-se no deserto. – L'action du roman se situe dans le désert.*

245 **prova** *nf* preuve, épreuve
- ▸ *Isso é a prova de que ele está inocente. – C'est la preuve qu'il est innocent.*

246 **defesa** *nf* défense
- ▸ *a defesa dos direitos humanos – la défense des droits de l'homme*

247 **setor** *nm* secteur
- ▸ *o setor do turismo – le secteur du tourisme*

248 **gente** *nf* gens

- ▸ *Há **gente** na praça. – Il y a des gens sur la place.*

249 **assembleia** *nf* assemblée

- ▸ *A **assembleia** realiza-se amanhã. – L'assemblée a lieu demain.*

250 **mal** *nm ; adv* mal

- ▸ *dizer **mal** de alguém – dire du mal de quelqu'un*
- ▸ *Dormi **mal** esta noite. – J'ai mal dormi cette nuit.*

251 **ninguém** *pron* personne

- ▸ ***Ninguém** veio. – Personne n'est venu.*

252 **objetivo** *nm* objectif

- ▸ *ter um único **objetivo** na vida – avoir un seul objectif dans la vie*

253 **total** *adj ; nm* total, totale

- ▸ *silêncio **total** – silence total*
- ▸ *O **total** dá vinte euros. – Le total fait vingt euros.*

254 **criação** *nf* création, élevage

- ▸ *uma **criação** musical – une création musicale*
- ▸ *fazer **criação** de cavalos – faire de l'élevage de chevaux*

255 **filme** *nm* film

- ▸ *um **filme** cómico – un film comique*

256 **continuar** *vb* continuer

- ▸ ***continuar** uma viagem – continuer un voyage*
- ▸ *A rua **continua** até ao cruzamento. – La rue continue jusqu'au carrefour.*

257 **geral** *adj* général, générale

- ▸ *uma regra **geral** – une règle générale*

258 **santo, santa** *adj ; nm* saint, sainte

- ▸ *os lugares **santos** – les lieux saints*

259 **período** *nm* période

- ▸ *o **período** escolar – la période scolaire*

260 **papel** *nm* papier, rôle

- ▸ ***papéis** de identidade – papiers d'identité*
- ▸ *desempenhar um **papel** importante – jouer un rôle important*

261 **futebol** *nm* football

- ▸ *uma equipa de **futebol** – une équipe de football*

262 **abril** *nm* avril

 ▸ *Ela nasceu em **abril**. – Elle est née en avril.*

263 **vista** *nf* vue

 ▸ *ter uma bela **vista** do campo – avoir une belle vue sur la campagne*

264 **europeu, europeia** *adj* européen, européenne

 ▸ *os países **europeus** – les pays européens*

265 **jovem** *adj* jeune

 ▸ *Ela é muito **jovem**. – Elle est très jeune.*

266 **fase** *nf* phase

 ▸ *as **fases** de uma doença – les phases d'une maladie*

267 **presença** *nf* présence

 ▸ *A **presença** dele alegra-me. – Sa présence me réjouit.*

268 **volta** *nf* retour, tour

 ▸ *estar de **volta** – être de retour*
 ▸ *Vou dar uma **volta** a pé.– Je vais faire un tour à pied.*

269 **qualidade** *nf* qualité

 ▸ *melhorar a **qualidade** de vida – améliorer la qualité de vie*

270 **população** *nf* population

 ▸ *a **população** de Portugal – la population du Portugal*

271 **principal** *adj* principal, principale

 ▸ *o prato **principal** – le plat principal*

272 **face** *nf* face

 ▸ *a **face** do edifício – la face de l'immeuble*

273 **centro** *nm* centre

 ▸ *o **centro** da cidade – le centre de la ville*

274 **opinião** *nf* opinion

 ▸ *Gostaria de saber a tua **opinião**. – J'aimerais connaître ton opinion.*

275 **deus** *nm* dieu

 ▸ *acreditar em **Deus** – croire en Dieu*

276 **municipal** *adj* municipal, municipale

 ▸ *uma piscina **municipal** – une piscine municipale*

277 **internacional** *adj* international, internationale
- *um encontro **internacional** – une rencontre internationale*

278 **época** *nf* époque
- *É a **época** dos morangos. – C'est l'époque des fraises.*

279 **chegar** *vb* arriver
- *A primavera está a **chegar**. – Le printemps arrive.*
- ***Chegamos** ao destino. – Nous arrivons à destination.*

280 **devido, devida** *adj* dû, due
- *um mal-estar **devido** ao calor – un malaise dû à la chaleur*

281 **força** *nf* force
- *ter muita **força** – avoir beaucoup de force*

282 **sociedade** *nf* société
- *a **sociedade** portuguesa – la société portugaise*

283 **único, única** *adj* unique
- *ser filha **única** – être fille unique*

284 **norte** *nm ; adj* nord, septentrional
- *o **norte** do país – le nord du pays*

285 **conjunto** *nm* ensemble
- *um **conjunto** de medidas – un ensemble de mesures*

286 **televisão** *nf* télévision
- *olhar para a **televisão** – regarder la télévision*

287 **plano, plana** *nm ; adj* plan, plat, plate
- *o **plano** de uma casa – le plan d'une maison*
- *um terreno **plano** – un terrain plat*

288 **intervenção** *nf* intervention
- *a **intervenção** da polícia – l'intervention de la police*

289 **falar** *vb* parler
- ***falar** corretamente – parler correctement*
- ***Falo** francês. – Je parle français.*

290 **vitória** *nf* victoire
- *obter a **vitória** – remporter la victoire*

291 **associação** *nf* association
▸ *associação sem fins lucrativos – association à but non lucratif*

292 **organização** *nf* organisation
▸ *tratar da organização de uma viagem – s'occuper de l'organisation d'un voyage*

293 **político, política** *nm ; adj* politique
▸ *um partido político – un parti politique*

294 **ali** *adv* là
▸ *A bola está ali. – Le ballon est là.*

295 **passado, passada** *nm ; adj* passé, passée
▸ *esquecer o passado – oublier le passé*
▸ *a semana passada – la semaine passée*

296 **desenvolvimento** *nm* développement
▸ *uma empresa em pleno desenvolvimento – une entreprise en plein développement*

297 **sete** *adj* sept
▸ *levantar-se às sete horas – se lever à sept heures*

298 **paz** *nf* paix
▸ *O país quer um acordo de paz. – Le pays veut un accord de paix.*

299 **ordem** *nm* ordre
▸ *Tudo voltou a entrar na ordem. – Tout est rentré dans l'ordre.*

300 **informação** *nf* information
▸ *pedir uma informação – demander une information*

301 **campanha** *nf* campagne
▸ *uma campanha eleitoral – une campagne électorale*

302 **polícia** *nf* police
▸ *avisar a polícia – avertir la police*

303 **imprensa** *nf* presse
▸ *a liberdade de imprensa – la liberté de la presse*

304 **produção** *nf* production
▸ *um aumento da produção – une augmentation de la production*

305 **terra** *nf* terre
▸ *cultivar a terra – cultiver la terre*

306 **contrário, contrária** *nm ; adj* contraire
- ▸ *fazer o **contrário** dos outros – faire le contraire des autres*
- ▸ *ter opiniões **contrárias** – avoir des opinions contraires*

307 **base** *nf* base
- ▸ *a **base** de uma teoria – la base d'une théorie*

308 **forte** *nm ; adj* fort, forte
- ▸ *um **forte** marítimo – un fort maritime*
- ▸ *um vento **forte** – un vent fort*

309 **minuto** *nm* minute
- ▸ *São onze horas e vinte **minutos**. – Il est onze heures vingt (minutes).*

310 **concelho** *nm* municipalité, arrondissement
- ▸ *o **concelho** de Lisboa – la municipalité de Lisbonne*

311 **razão** *nf* raison
- ▸ *Tens **razão**. – Tu as raison.*

312 **necessidade** *nf* nécessité
- ▸ *bens de primeira **necessidade** – des biens de première nécessité*

313 **instituto** *nm* institut
- ▸ *um **instituto** de formação – un institut de formation*

314 **entrada** *nf* entrée
- ▸ *a porta de **entrada** – la porte d'entrée*

315 **maio** *nm* mai
- ▸ *O primeiro de **maio** é feriado. – Le premier mai est férié.*

316 **formação** *nf* formation
- ▸ *ter uma **formação** literária – avoir une formation littéraire*

317 **começar** *vb* commencer
- ▸ ***começar** um novo trabalho – commencer un nouveau travail*
- ▸ *A conferência **começou** às seis da tarde. – La conférence a commencé à 6 heures du soir.*

318 **iniciativa** *nf* initiative
- ▸ *Ele tomou a **iniciativa** de viajar. – Il a pris l'initiative de voyager.*

319 **campo** *nm* campagne, champ, terrain
- ▸ *viver no **campo** – vivre à la campagne*

320 **difícil** *adj* difficile
- *um trabalho **difícil** – un travail difficile*

321 **aumento** *nm* augmentation
- *o **aumento** da temperatura – l'augmentation de la température*

322 **atividade** *nf* activité
- *Esta loja tem muita **atividade**. – Ce magasin a beaucoup d'activité.*

323 **luta** *nf* lutte
- *a **luta** pela igualdade – la lutte pour l'égalité*

324 **família** *nf* famille
- *passar as festas com a **família** – passer les fêtes en famille*

325 **certo, certa** *adj ; adv* juste, exact, exacte, certain, certaine
- *A conta está **certa**. – Le compte est juste.*
- *um **certo** número de pessoas – un certain nombre de personnes*

326 **oito** *adj* huit
- ***oito** pessoas – huit personnes*

327 **século** *nm* siècle
- *o **século** XX – le XXe siècle*

328 **sul** *nm* sud
- *viver no **sul** do país – vivre dans le sud du pays*

329 **janeiro** *nm* janvier
- ***Janeiro** é o primeiro mês do ano civil. – Janvier est le premier mois de l'année civile.*

330 **livro** *nm* livre
- *um **livro** de bolso – un livre de poche*

331 **administração** *nf* administration
- *o conselho de **administração** – le conseil d'administration*

332 **resposta** *nf* réponse
- *uma **resposta** negativa – une réponse négative*

333 **mão** *nf* main
- *apertar a **mão** – serrer la main*

334 **regime** *nm* régime
- *um **regime** de emagrecimento – un régime amaigrissant*

335 **dólar** *nm* dollar
- ▸ *uma nota de um **dólar** – un billet de un dollar*

336 **jogador** *nm* joueur
- ▸ *um **jogador** de basquetebol – un joueur de basket*

337 **prazo** *nm* délai
- ▸ *O **prazo** de inscrição termina hoje. – Le délai d'inscription prend fin aujourd'hui.*

338 **membro** *nm* membre
- ▸ *ser **membro** de uma associação – être membre d'une association*

339 **estudo** *nm* étude
- ▸ *o **estudo** de uma obra literária – l'étude d'une œuvre littéraire*

340 **autarquia** *nf* gouvernement/autorité autonome
- ▸ *Uma freguesia é uma **autarquia** local. – Une commune est une autorité locale.*

341 **oposição** *nf* opposition
- ▸ *os partidos da **oposição** – les partis de l'opposition*

342 **título** *nm* titre
- ▸ *o **título** de uma canção – le titre d'une chanson*

343 **preciso, precisa** *adj* précis, précise
- ▸ *informações **precisas** – des informations précises*

344 **partido** *nm* parti
- ▸ *tirar **partido** de uma situação – tirer parti d'une situation*

345 **anterior** *adj* précédent, précédente
- ▸ *o **anterior** governo – le gouvernement précédent*

346 **nomeadamente** *adv* notamment
- ▸ ***nomeadamente** ao norte do país – notamment au nord du pays*

347 **universidade** *nf* université
- ▸ *inscrever-se na **universidade** – s'inscrire à l'université*

348 **série** *nf* série
- ▸ *uma **série** americana – une série américaine*

349 **aquele, aquela** *adj ; pron* ce, cette, celui-là, celle-là
- ▸ *Escrevi **aquele** artigo. – J'ai écrit cet article.*
- ▸ *Olha para **aquele**. – Regarde celui-là.*

350 **medida** *nf* mesure
- ▸ *tirar as **medidas** de uma sala – prendre les mesures d'une pièce*

351 **edição** *nf* édition
- ▸ *É a **edição** original. – C'est l'édition originale.*

352 **saúde** *nf* santé
- ▸ *Ele tem uma **saúde** fraca. – Il a une santé fragile.*

353 **outubro** *nm* octobre
- ▸ *A República Portuguesa foi proclamada a 5 de **outubro** de 1910. – La République portugaise a été proclamée le 5 octobre 1910.*

354 **metro** *nm* mètre
- ▸ *Ele mede um **metro** e oitenta. – Il mesure un mètre quatre-vingts.*

355 **povo** *nm* peuple
- ▸ *o **povo** português – le peuple portugais*

356 **participação** *nf* participation
- ▸ *a **participação** dos socialistas no governo – la participation des socialistes au gouvernement*

357 **sessão** *nf* session, séance
- ▸ *ir ao cinema à **sessão** da noite – aller au cinéma à la séance du soir*

358 **esperar** *vb* attendre, espérer
- ▸ ***esperar** no futuro – espérer en l'avenir*
- ▸ ***Espero** a chegada do avião. – J'attends l'arrivée de l'avion.*

359 **olho** *nm* œil
- ▸ *Ela tem **olhos** verdes. – Elle a les yeux verts.*

360 **aí** *adv* là
- ▸ *Põe **aí** a caneta. – Mets le stylo là.*

361 **imagem** *nf* image
- ▸ *um livro cheio de **imagens** – un livre plein d'images*

362 **talvez** *adv* peut-être
- ▸ ***Talvez** tenhas razão. – Peut-être que tu as raison.*

363 **acabar** *vb* finir, se terminer
- ▸ ***acabar** o trabalho – finir son travail*
- ▸ *A festa **acabou** à meia-noite. – La fête s'est terminée à minuit.*

364 **palavra** *nf* mot

▸ *ter a última **palavra** – avoir le dernier mot*

365 **precisar** *vb* avoir besoin

▸ ***precisar** de mais tempo – avoir besoin de plus de temps*

▸ ***Preciso** de comprar verduras. – J'ai besoin d'acheter des légumes verts.*

366 **diretor** *nm* directeur

▸ *o **diretor** da escola – le directeur de l'école*

367 **princípio** *nm* principe, commencement

▸ *Tenho **princípios**. – J'ai des principes.*

368 **possibilidade** *nf* possibilité

▸ *considerar todas as **possibilidades** – envisager toutes les possibilités*

369 **debate** *nm* débat

▸ *um **debate** animado – un débat animé*

370 **central** *adj* central, centrale

▸ *É uma questão **central**. – C'est une question centrale.*

371 **vila** *nf* petite ville

▸ *uma **vila** de três mil habitantes – une petite ville de trois mille habitants*

372 **cujo, cuja** *pron* dont

▸ *Ele tem uma amiga **cujos** pais são franceses. – Il a une amie dont les parents sont français.*

373 **sim** *adv* oui

▸ *Acho que **sim**. – Je pense que oui.*

374 **crise** *nf* crise

▸ *a **crise** económica – la crise économique*

375 **porém** *conj* mais, cependant, toutefois

▸ *Ela disse que vinha, **porém** ainda não chegou. – Elle a dit qu'elle viendrait, mais elle n'est pas encore arrivée.*

376 **conseguir** *vb* réussir, obtenir

▸ ***conseguir** fazer algo – réussir à faire quelque chose*

▸ ***Consegui** convencê-lo. – J'ai réussi à le convaincre.*

377 **vir** *vb* venir

▸ ***vir** ao mundo – venir au monde*

▸ ***Vem** cá! – Viens ici !*

378 **cabeça** *nf* tête

 ▸ *ter dor de **cabeça** – avoir mal à la tête*

379 **superior** *adj* supérieur, supérieure

 ▸ *o acesso ao piso **superior** – l'accès à l'étage supérieur*

380 **ensino** *nm* enseignement

 ▸ *o **ensino** da matemática – l'enseignement des mathématiques*

381 **clube** *nm* club

 ▸ *o **clube** de dança – le club de danse*

382 **junho** *nm* juin

 ▸ ***Junho** foi o mês mais quente. – Juin a été le mois le plus chaud.*

383 **movimento** *nm* mouvement

 ▸ *fazer um **movimento** com o braço – faire un mouvement du bras*

384 **autoridade** *nf* autorité

 ▸ *a **autoridade** parental – l'autorité parentale*

385 **chefe** *nm* chef

 ▸ *o **chefe** de serviço – le chef de service*

386 **caminho** *nm* chemin

 ▸ *O **caminho** está bem sinalizado. – Le chemin est bien signalé.*

387 **diferente** *adj* différent, différente

 ▸ *A opinião dele é **diferente** da minha. – Son opinion est différente de la mienne.*

388 **capacidade** *nf* capacité

 ▸ *O tacho tem três litros de **capacidade**. – La casserole a une capacité de trois litres.*

389 **lista** *nf* liste

 ▸ *uma **lista** de coisas a comprar – une liste de choses à acheter*

390 **antigo, antiga** *adj* ancien, ancienne

 ▸ *uma música **antiga** – une musique ancienne*

391 **longe** *adj* loin

 ▸ *Isso é muito **longe**! – C'est très loin !*

392 **linha** *nf* ligne, fil

 ▸ *uma **linha** telefónica – une ligne téléphonique*

393   elemento   *nm*   élément
- ▸   *estar no seu **elemento** – être dans son élément*

394   necessário, necessária   *adj*   nécessaire
- ▸   *o material **necessário** – le matériel nécessaire*

395   fundo   *nm*   fond
- ▸   *o **fundo** da mar – le fond de la mer*

396   acesso   *nm*   accès
- ▸   *Todos os **acessos** estão fechados ao trânsito. – Tous les accès sont fermés à la circulation.*

397   exposição   *nf*   exposition
- ▸   *uma **exposição** de pintura – une exposition de peinture*

398   gestão   *nf*   gestion
- ▸   *a **gestão** dos recursos humanos – la gestion des ressources humaines*

399   escola   *nf*   école
- ▸   *ir à **escola** – aller à l'école*

400   setembro   *nm*   septembre
- ▸   *O ano escolar começa no **setembro**. – L'année scolaire commence en septembre.*

401   corpo   *nm*   corps
- ▸   *ter um **corpo** musculoso – avoir un corps musclé*

402   solução   *nf*   solution
- ▸   *não encontrar **solução** – ne pas trouver de solution*

403   secretário   *nm*   secrétaire
- ▸   *o **secretário** de Estado – le secrétaire d'Etat*

404   espetáculo   *nm*   spectacle
- ▸   *um **espetáculo** de dança – un spectacle de danse*

405   banco   *nm*   banc, banque
- ▸   *Vou ao **banco** buscar dinheiro. – Je vais à la banque chercher de l'argent.*

406   visitar   *vb*   visiter, rendre visite
- ▸   ***visitar** uma amiga – rendre visite à une amie*
- ▸   ***Visitámos** um apartamento esta manhã. – Nous avons visité un appartement ce matin.*

407   perante   *prép*   devant, face à
- ▸   *estar **perante** uma situação difícil – être face à une situation difficile*

408   **vontade**   *nf*   envie, volonté

▸   *ter **vontade** de sair – avoir envie de sortir*

409   **documento**   *nm*   document

▸   *ler um **documento** – lire un document*

410   **perto**   *adv*   près

▸   *O correio fica **perto** da estação. – La poste se trouve près de la gare.*

411   **nenhum, nenhuma**   *pron*   aucun, aucune

▸   *Não li **nenhum** desses romances. – Je n'ai lu aucun de ces romans.*

412   **respeito**   *nm*   respect

▸   *o **respeito** da lei – le respect de la loi*

413   **origem**   *nf*   origine

▸   *Ele é de **origem** belga. – Il est d'origine belge.*

414   **escudo**   *nm*   bouclier, escudo (ancienne monnaie portugaise)

▸   *Um euro equivale a cerca de duzentos **escudos**. – Un euro vaut environ deux cents escudos.*

415   **militar**   *adj ; nm*   militaire

▸   *o serviço **militar** – le service militaire*

416   **voz**   *nf*   voix

▸   *falar em **voz** baixa – parler à voix basse*

417   **tribunal**   *nm*   tribunal

▸   *Ele foi convocado ao **tribunal**. – Il a été convoqué au tribunal.*

418   **pai**   *nm*   père, parents *(au pluriel)*

▸   *um **pai** autoritário – un père autoritaire*

▸   *Ele passa as férias com os **pais**. – Il passe ses vacances avec ses parents.*

419   **deixar**   *vb*   laisser, quitter, arrêter

▸   ***deixar** os estudos – arrêter ses études*

▸   ***Deixa**-me em paz! – Laisse-moi tranquille !*

420   **março**   *nm*   mars

▸   *Albert Einstein nasceu em **março** de 1879. – Albert Einstein est né en mars 1879.*

421   **partida**   *nf*   départ

▸   *A **partida** é às dez horas. – Le départ est à dix heures.*

422 **considerar** *vb* considérer

▸ *considerar* *os prós e os contras* – *considérer le pour et le contre*

▸ *Ele considera que foi um erro.* – *Il considère que c'était une erreur.*

423 **francês, francesa** *nom ; adj* français, française

▸ *a cozinha francesa* – *la cuisine française*

424 **pretender** *vb* prétendre, avoir l'intention de

▸ *pretender fazer algo* – *avoir l'intention de faire quelque chose*

▸ *Ele pretende ter razão.* – *Il prétend qu'il a raison.*

425 **existir** *vb* exister

▸ *deixar de existir* – *cesser d'exister*

▸ *O cientista acredita que os extraterrestres existem.* – *Le scientifique croit que les extraterrestres existent.*

426 **interesse** *nm* intérêt

▸ *Ele agiu no interesse da família.* – *Il a agi dans l'intérêt de sa famille.*

427 **maneira** *nf* manière, façon

▸ *O homem comporta-se de maneira estranha.* – *L'homme se comporte de manière étrange.*

428 **dezembro** *nm* décembre

▸ *O Natal é celebrado no dia 25 de dezembro.* – *Noël est célébré le 25 décembre.*

429 **mim** *pron* moi

▸ *Essas flores são para mim?* – *Ces fleurs sont-elles pour moi ?*

430 **dado** *nm* donnée, dé

▸ *reunir dados* – *réunir des données*

431 **bastante** *adv ; adj* assez, pas mal, suffisant, suffisante

▸ *Não bebes bastante.* – *Tu ne bois pas assez.*

▸ *Não há bastante leite no frigorífico.* – *Il n'y a pas assez de lait dans le réfrigérateur.*

432 **julho** *nm* juillet

▸ *Eles casaram o filho em julho.* – *Ils ont marié leur fils en juillet.*

433 **matéria** *nf* matière

▸ *uma matéria inflamável* – *une matière inflammable*

434 **declaração** *nf* déclaration

▸ *a declaração de rendimentos* – *la déclaration de revenus*

435 **abertura** *nf* ouverture

▸ *A abertura da loja é às 9 horas.* – *L'ouverture du magasin est à 9 heures.*

436 **jornalista** *nm* journaliste
- ▸ *O **jornalista** entrevista o ator. – Le journaliste interviewe l'acteur.*

437 **resto** *nm* reste
- ▸ *passar o **resto** da tarde a ler – passer le reste de l'après-midi à lire*

438 **taxa** *nf* taxe, taux
- ▸ *a **taxa** de desemprego – le taux de chômage*

439 **texto** *nm* texte
- ▸ *escrever um **texto** – écrire un texte*

440 **amanhã** *adv ; nm* demain, lendemain
- ▸ ***Amanhã** não trabalho. – Demain je ne travaille pas.*

441 **conferência** *nf* conférence
- ▸ *A que horas é a **conferência** de imprensa? - A quelle heure est la conférence de presse ?*

442 **via** *nf* voie
- ▸ *O comboio está parado na **via**. – Le train est arrêté sur la voie.*

443 **aluno** *nm* élève
- ▸ ***aluno** de liceu – élève de lycée*

444 **domingo** *nm* dimanche
- ▸ ***Domingo** é dia de descanso. – Le dimanche est jour de repos.*

445 **carta** *nf* lettre
- ▸ *receber uma **carta** – recevoir une lettre*

446 **especial** *adj* spécial, spéciale
- ▸ *utilizar um utensílio **especial** – utiliser un outil spécial*

447 **anúncio** *nm* annonce
- ▸ *colocar um **anúncio** – passer une annonce*

448 **tema** *nm* thème
- ▸ *o **tema** de um debate – le thème d'un débat*

449 **realização** *nf* réalisation
- ▸ *a **realização** de um sonho – la réalisation d'un rêve*

450 **mundial** *adj* mondial, mondiale
- ▸ *um campeonato **mundial** – un championnat mondial*

451 entrar *vb* entrer
- ▸ *entrar num café – entrer dans un café*
- ▸ ***Entrem!** – Entrez !*

452 cinema *nm* cinéma
- ▸ *um realizador de **cinema** – un réalisateur de cinéma*

453 realidade *nf* réalité
- ▸ *a **realidade** da vida de artista – la réalité de la vie d'artiste*

454 terreno *nm* terrain
- ▸ *um **terreno** de campismo – un terrain de camping*

455 deputado *nm* député
- ▸ *um **deputado** da maioria – un député de la majorité*

456 investimento *nm* investissement
- ▸ *fazer um **investimento** rentável – faire un investissement rentable*

457 risco *nm* risque
- ▸ *Não há qualquer **risco**. – Il n'y a aucun risque.*

458 existência *nf* existence
- ▸ *durante a sua curta **existência** – durant sa courte existence*

459 fonte *nf* fontaine, source
- ▸ *ir buscar água da **fonte** – aller chercher de l'eau à la fontaine*

460 teatro *nm* théâtre
- ▸ *uma peça de **teatro** – une pièce de théâtre*

461 criar *vb* créer, élever
- ▸ ***criar** cabras – élever des chèvres*
- ▸ *Ela quer **criar** a sua empresa. – Elle veut créer son entreprise.*

462 oficial *adj* officiel, officielle
- ▸ *uma carta **oficial** – une lettre officielle*

463 autor *nm* auteur
- ▸ *o **autor** da canção – l'auteur de la chanson*

464 operação *nf* opération
- ▸ *A **operação** correu bem. – L'opération s'est bien passée.*

465 igualmente *adv* également
- ▸ *Ele virá **igualmente**. – Il viendra également.*

466 **pessoal** *adj ; nm* personnel, personnelle
- ▸ amigos **pessoais** – des amis personnels
- ▸ o **pessoal** da empresa – le personnel de l'entreprise

467 **data** *nf* date
- ▸ **data** de nascimento – date de naissance

468 **jornal** *nm* journal
- ▸ ler o **jornal** – lire le journal

469 **sala** *nf* salle, salon
- ▸ **sala** de aula – salle de classe

470 **dirigente** *nm* dirigeant
- ▸ os **dirigentes** do país – les dirigeants du pays

471 **negociação** *nf* négociation
- ▸ a mesa das **negociações** – la table des négociations

472 **atualmente** *adv* actuellement
- ▸ O filme está **atualmente** nos cinemas. – Le film est actuellement dans les cinémas.

473 **crescimento** *nm* croissance
- ▸ o **crescimento** económico – la croissance économique

474 **filho** *nm* fils, enfants (*au pluriel*)
- ▸ Eles têm um **filho** e duas filhas. – Ils ont un fils et deux filles.
- ▸ criar os **filhos** – élever ses enfants

475 **parlamento** *nm* parlement
- ▸ o **parlamento** europeu – le parlement européen

476 **procurar** *vb* chercher
- ▸ **procurar** um número de telefone – chercher un numéro de téléphone
- ▸ **Procuro** as chaves. – Je cherche les clés.

477 **claro, clara** *adj ; adv* clair, claire, clairement
- ▸ uma explicação **clara** – une explication claire
- ▸ falar **claro** – parler clairement

478 **economia** *nf* économie
- ▸ fazer **economias** – faire des économies

479 **seguir** *vb* suivre
- ▸ **seguir** o guia – suivre le guide
- ▸ Ele **seguiu** cursos de canto. – Il a suivi des cours de chant.

480 dificuldade *nf* difficulté

▸ *ter muitas **dificuldades** na vida – avoir beaucoup de difficultés dans la vie*

481 candidato *nm* candidat

▸ *ser **candidato** a um concurso – être candidat à un concours*

482 simples *adj* simple

▸ *um exercício **simples** – un exercice simple*

483 ar *nm* air

▸ *Preciso de apanhar **ar**. – J'ai besoin de prendre l'air.*

484 pena *nf* peine

▸ *uma **pena** de prisão – une peine de prison*

485 presente *adj ; nm* présent, présente, cadeau

▸ *as pessoas **presentes** – les personnes présentes*
▸ *Ela recebeu muitos **presentes**. – Elle a reçu beaucoup de cadeaux.*

486 quadro *nm* tableau, cadre

▸ *um **quadro** em madeira – un cadre en bois*

487 prática *nf* pratique

▸ *a **prática** de um desporto –la pratique d'un sport*

488 efeito *nm* effet

▸ *ter **efeitos** negativos – avoir des effets négatifs*

489 porta *nf* porte

▸ *abrir a **porta** – ouvrir la porte*

490 senhor (Sr.) *nm* monsieur (M.)

▸ *Como está, **senhor** Alves? – Comment allez-vous, monsieur Alves ?*

491 produto *nm* produit

▸ *os **produtos** agrícolas – les produits agricoles*

492 âmbito *nm* domaine

▸ *no **âmbito** da medicina – dans le domaine de la médecine*

493 liberdade *nf* liberté

▸ *a **liberdade** de pensamento – la liberté de pensée*

494 média *nf* moyenne

▸ *Trabalhamos em **média** oito horas por dia. – Nous travaillons en moyenne huit heures par jour.*

495 **rede** *nf* filet, réseau

‣ *a **rede** rodoviária de Portugal – le réseau routier du Portugal*

496 **económico, económica** *adj* économique, économe

‣ *por razões **económicas** – pour des raisons économiques*

497 **novembro** *nm* novembre

‣ ***Novembro** é o mês das castanhas. – Novembre est le mois des châtaignes.*

498 **quilómetro** *nm* kilomètre

‣ *andar dez **quilómetros** a pé – faire dix kilomètres à pied*

499 **amor** *nm* amour

‣ *uma história de **amor** – une histoire d'amour*

500 **assunto** *nm* sujet

‣ *O **assunto** do debate é político. – Le sujet du débat est politique.*

501 **encontro** *nm* rencontre, rendez-vous

‣ *marcar um **encontro** – prendre un rendez-vous*

502 **termo** *nm* terme

‣ *no **termo** da viagem – au terme du voyage*

503 **criança** *nf* enfant

‣ *Ele ainda é uma **criança**. – Il est encore un enfant.*

504 **manhã** *nf* matin

‣ *Levanto-me às 6 horas da **manhã**. – Je me lève à 6 heures du matin .*

505 **anunciar** *vb* annoncer

‣ ***anunciar** uma boa notícia – annoncer une bonne nouvelle*

‣ *As nuvens **anunciam** chuva. – Les nuages annoncent de la pluie.*

506 **seguinte** *adj* suivant, suivante

‣ *o dia **seguinte** – le jour suivant*

507 **terceiro, terceira** *adj* troisième

‣ *a **terceira** vez – la troisième fois*

508 **agosto** *nm* août

‣ *fazer férias em **agosto** – prendre des vacances en août*

509 **sábado** *nm* samedi

‣ *Cada **sábado** há visitas guiadas. – Chaque samedi, il y a des visites guidées.*

510   **venda**   *nf*   vente
- ▸   *a **venda** de um apartamento – la vente d'un appartement*

511   **igreja**   *nf*   église
- ▸   *A **igreja** fica no centro da cidade. – L'église se situe dans le centre de la ville.*

512   **eleitoral**   *adj*   électoral, électorale
- ▸   *a comissão **eleitoral** – la commission électorale*

513   **sexta-feira**   *nf*   vendredi
- ▸   *Não trabalho às **sextas-feiras**. – Je ne travaille pas le vendredi.*

514   **território**   *nm*   territoire
- ▸   *o ordenamento do **território** – l'aménagement du territoire*

515   **importância**   *nf*   importance
- ▸   *Não tem **importância** nenhuma. – Ça n'a aucune importance.*

516   **discurso**   *nm*   discours
- ▸   *fazer um **discurso** – faire un discours*

517   **luz**   *nf*   lumière
- ▸   *a **luz** do sol – la lumière du soleil*

518   **cultura**   *nf*   culture
- ▸   *Ela tem uma boa **cultura** geral. – Elle a une bonne culture générale.*

519   **preço**   *nm*   prix
- ▸   *o **preço** de uma casa – le prix d'une maison*

520   **arte**   *nf*   art
- ▸   *uma obra de **arte** – une œuvre d'art*

521   **diverso, diversa**   *adj*   divers, diverse
- ▸   *opiniões **diversas** – des opinions diverses*

522   **curso**   *nm*   cours
- ▸   *inscrever-se num **curso** de informática – s'inscrire à un cours d'informatique*

523   **manter**   *vb*   conserver, garder, maintenir
- ▸   ***manter** os braços cruzados – garder les bras croisés*
- ▸   *Ele **mantém** a sua decisão. – Il maintient sa décision.*

524   **entretanto**   *adv*   entre-temps
- ▸   *Ele chegou **entretanto**. – Il est arrivé entre-temps.*

525 **espécie** *nf* espèce

▸ *as **espécies** animais e vegetais – les espèces animales et végétales*

526 **civil** *adj* civil, civile

▸ *os direitos **civis** – les droits civils*

527 **cargo** *nm* charge, responsabilité

▸ *Ele tem o **cargo** de diretor. – Il occupe le poste de directeur.*

528 **mãe** *nf* mère

▸ *a **mãe** dessa criança – la mère de cet enfant*

529 **recentemente** *adv* récemment

▸ *Ela ligou **recentemente**. – Elle a appelé récemment.*

530 **experiência** *nf* expérience

▸ *ter **experiência** – avoir de l'expérience*

531 **ganhar** *vb* gagner

▸ ***ganhar** a vida – gagner sa vie*
▸ *Ele **ganhou** a corrida. – Il a gagné la course.*

532 **natural** *adj* naturel, naturelle

▸ *o parque **natural** – le parc naturel*

533 **relatório** *nm* rapport

▸ *apresentar um **relatório** – présenter un rapport*

534 **instituição** *nf* institution

▸ *as **instituições** políticas de um país – les institutions politiques d'un pays*

535 **pagar** *vb* payer

▸ ***pagar** as compras – payer les achats*
▸ ***Paguei** com cartão de crédito. – J'ai payé en carte de crédit.*

536 **socialista** *adj* socialiste

▸ *o partido **socialista** – le parti socialiste*

537 **comunicação** *nf* communication

▸ *os meios de **comunicação** – les moyens de communication*

538 **sequência** *nf* suite, séquence

▸ *uma **sequência** de imagens – une suite d'images*

539 **personagem** *nf* personnage

▸ *uma **personagem** histórica – un personnage historique*

540   **atenção**   *nf ; interj*   attention

▸   *ler com **atenção** – lire avec attention*

▸   ***Atenção!** – Attention !*

541   **trabalhar**   *vb*   travailler

▸   ***trabalhar** num projeto – travailler sur un projet*

▸   *Ela **trabalha** numa fábrica. – Elle travaille dans une usine.*

542   **tentar**   *vb*   tenter, essayer

▸   ***tentar** uma nova experiência – tenter une nouvelle expérience*

▸   ***Tento** escrever um romance. – Je tente d'écrire un roman.*

543   **aliás**   *adv*   en plus, d'ailleurs, par ailleurs

▸   ***Aliás**, não é a primeira vez que acontece. – En plus, ce n'est pas la première fois que cela arrive.*

544   **ambiente**   *nm*   environnement, air, milieu

▸   *o **ambiente** natural dos leões – le milieu naturel des lions*

545   **interior**   *adj ; nm*   intérieur, intérieure

▸   *um bolso **interior** – une poche intérieure*

546   **educação**   *nf*   éducation

▸   *a **educação** das crianças – l'éducation des enfants*

547   **coração**   *nm*   cœur

▸   *sofrer do **coração** – souffrir du cœur*

548   **cidadão**   *nm*   citoyen

▸   *Sou **cidadão** francês. – Je suis citoyen français.*

549   **favor**   *nm*   service, faveur

▸   *fazer um **favor** a um amigo – rendre service à un ami*

▸   *por **favor** / se faz **favor** – s'il vous plaît*

550   **hipótese**   *nf*   hypothèse

▸   *uma **hipótese** científica – une hypothèse scientifique*

551   **pedido**   *nm*   demande

▸   *um **pedido** de informação – une demande d'information*

552   **nove**   *adj*   neuf

▸   *Restam-me **nove** euros. – Il me reste neuf euros.*

553   **restante**   *adj*   restant, restante

▸   *os lugares **restantes** – les places restantes*

554 **estudante** *nom* étudiant, étudiante
- ▸ *um **estudante** universitário – un étudiant universitaire*

555 **levar** *vb* emporter, emmener
- ▸ ***levar** o guarda-chuva – emporter le parapluie*
- ▸ *Ele **levou** cinco euros pelo transporte. – Il a emmené cinq euros pour le transport.*

556 **mar** *nf* mer
- ▸ *nadar no **mar** – nager dans la mer*

557 **prisão** *nf* prison
- ▸ *Ele cumpriu três anos de **prisão** firme. – Il a fait trois ans de prison ferme.*

558 **alto, alta** *adj ; nm* grand, grande, haut, haute, élevé, élevée, sommet
- ▸ ***altas** temperaturas – des températures élevées*
- ▸ *o **alto** da montanha – le sommet de la montagne*

559 **investigação** *nf* enquête, recherche
- ▸ *uma **investigação** policial – une enquête policière*

560 **pôr** *vb* mettre, poser
- ▸ ***pôr** a televisão – mettre la télévision*
- ▸ ***Põe** aí o caderno. – Mets le carnet là.*

561 **estratégia** *nf* stratégie
- ▸ *uma **estratégia** militar – une stratégie militaire*

562 **controlo** *nm* contrôle
- ▸ ***controlo** dos bilhetes – contrôle des billets*

563 **responsabilidade** *nf* responsabilité
- ▸ *Ele negou ter **responsabilidade** no acidente. - Il a nié avoir une responsabilité dans l'accident.*

564 **golo** *nm* but
- ▸ *marcar um **golo** – marquer un but*

565 **decidir** *vb* décider
- ▸ ***decidir** sobre o futuro – décider de l'avenir*
- ▸ ***Decidi** não ir à festa. – J'ai décidé de ne pas aller à la fête.*

566 **apresentar** *vb* présenter
- ▸ ***apresentar** desculpas a alguém – présenter ses excuses à quelqu'un*
- ▸ ***Apresento**-te a minha mulher. – Je te présente ma femme.*

567 **cima** *nf* sommet, haut
- ▸ *em **cima** da montanha – au sommet de la montagne*

568 **arma** *nf* arme

▸ **arma** *de fogo – arme à feu*

569 **passagem** *nf* passage

▸ *uma* **passagem** *subterrânea – un passage souterrain*

570 **congresso** *nm* congrès

▸ *um* **congresso** *de médicos – un congrès de médecins*

571 **livre** *adj* libre

▸ *um cidadão* **livre** *– un citoyen libre*

572 **evitar** *vb* éviter

▸ **evitar** *um encontro – éviter une rencontre*

▸ *O polícia* **evitou** *o acidente. – Le policier a évité l'accident.*

573 **sede** *nf* siège, soif

▸ *a* **sede** *da empresa – le siège de l'entreprise*

▸ *A calor faz-me* **sede**. *– La chaleur me donne soif.*

574 **ambos, ambas** *adj* les deux

▸ **Ambas** *as raparigas são morenas. – Les deux jeunes filles sont brunes.*

575 **quarto** *nm ; adj* chambre, quart, quatrième

▸ *o* **quarto** *dos pais – la chambre des parents*

▸ *um* **quarto** *de hora – un quart d'heure*

▸ *chegar em* **quarto** *lugar – arriver en quatrième place*

576 **aquilo** *pron* ce, cela

▸ **Aquilo** *não me incomoda. – Cela ne me dérange pas.*

577 **pequeno, pequena** *adj* petit, petite

▸ *uma cidade* **pequena** *– une petite ville*

578 **sair** *vb* sortir

▸ **sair** *da crise – sortir de la crise*

▸ *Ela* **sai** *todas as manhãs. – Elle sort tous les matins.*

579 **segunda-feira** *nf* lundi

▸ *A loja estará encerrada na* **segunda-feira**. *– Le magasin sera fermé lundi.*

580 **edifício** *nm* immeuble

▸ *um* **edifício** *de quatro andares – un immeuble de quatre étages*

581 **milhar** *nm* millier

▸ **milhares** *de pessoas – des milliers de personnes*

582 **esquerda** *nf* gauche

▸ *virar à **esquerda** – tourner à gauche*

583 **rua** *nf* rue

▸ *uma **rua** estreita – une rue étroite*

584 **comunidade** *nf* communauté

▸ *uma **comunidade** religiosa – une communauté religieuse*

585 **comunicado** *nm* communiqué

▸ *um **comunicado** de imprensa – un communiqué de presse*

586 **te** *pron* te, toi

▸ *Não **te** vi. – Je ne t'ai pas vu.*

▸ *Despacha-**te**! – Dépêche-toi !*

587 **perder** *vb* perdre

▸ ***perder** o apetite – perdre l'appétit*

▸ ***Perdi** três quilos. – J'ai perdu trois kilos.*

588 **voto** *nm* vote, vœu

▸ *contar os **votos** – compter les votes*

▸ *Os meus **votos** de felicidade! – Tous mes vœux de bonheur !*

589 **comum** *adj* commun, commune, ordinaire

▸ *um interesse **comum** – un intérêt commun*

590 **estrutura** *nf* structure

▸ *a **estrutura** de uma empresa – la structure d'une entreprise*

591 **ajudar** *vb* aider

▸ ***ajudar** os mais desfavorecidos – aider les plus défavorisés*

▸ *Ela **ajudou**-me a limpar a casa. – Elle m'a aidé à nettoyer la maison.*

592 **fácil** *adj* facile

▸ *É muito **fácil** de fazer. – C'est très facile à faire.*

593 **referir** *vb* faire référence à

▸ ***referir** um facto – faire référence à un fait*

▸ *O artigo **refere** uma outra informação. – L'article fait référence à une autre information.*

594 **discussão** *nf* discussion

▸ *É uma **discussão** muito positiva. – C'est une discussion très positive.*

595 **alguém** *pron* quelqu'un

▸ *falar na presença de **alguém** – parler en présence de quelqu'un*

596 sucesso *nm* succès

▸ *A festa foi um **sucesso**. – La fête fut un succès.*

597 programa *nm* programme

▸ *Qual é o **programa** do espetáculo? – Quel est le programme du spectacle ?*

598 receber *vb* recevoir

▸ ***receber** uma prenda – recevoir un cadeau*

▸ *Fomos muito bem **recebidos**. – Nous avons été très bien reçus.*

599 recente *adj* récent, récente

▸ *um projeto **recente** – un projet récent*

600 tomar *vb* prendre

▸ ***tomar** um café – prendre un café*

▸ ***Tomámos** decisões difíceis. – Nous avons pris des décisions difficiles.*

601 idade *nf* âge

▸ *Que **idade** tens? – Quel âge as-tu ?*

602 pensar *vb* penser

▸ ***pensar** em alguém – penser à quelqu'un*

▸ *O que **pensas** disto? – Qu'en penses-tu ?*

603 agência *nf* agence

▸ *uma **agência** de viagens – une agence de voyages*

604 contrato *nm* contrat

▸ *um **contrato** de trabalho – un contrat de travail*

605 particular *adj ; nm* particulier, particulière

▸ *um cheiro **particular** – une odeur particulière*

▸ *um contrato entre **particulares** – un contrat entre particuliers*

606 tratamento *nm* traitement

▸ *o **tratamento** da água – le traitement de l'eau*

607 recuperação *nf* récupération

▸ *a **recuperação** de um objeto perdido – la récupération d'un objet perdu*

608 carreira *nf* carrière

▸ *Ela teve uma **carreira** brilhante. – Elle a eu une brillante carrière.*

609 fevereiro *nm* février

▸ ***Fevereiro** é o mês do Carnaval. – Février est le mois du carnaval.*

610 **professor** *nm* professeur

▸ **professor** de dança – professeur de danse

611 **cultural** *adj* culturel, culturelle

▸ um centro **cultural** – un centre culturel

612 **estrangeiro** *nm ; adj* étranger, étrangère

▸ Os **estrangeiros** não podem votar. – Les étrangers ne peuvent pas voter.

613 **técnico, técnica** *adj ; nf* technique

▸ É um termo **técnico**. – C'est un terme technique.

614 **direita** *nf* droite

▸ da esquerda para a **direita** – de gauche à droite

615 **atitude** *nf* attitude

▸ ter uma **atitude** irrepreensível – avoir une attitude irréprochable

616 **algo** *pron* quelque chose

▸ Tenho **algo** para te dizer. – J'ai quelque chose à te dire.

617 **regresso** *nm* retour, rentrée

▸ estar de **regresso** a casa – être de retour chez soi

618 **saída** *nf* sortie

▸ Onde é a **saída**? – Où est la sortie ?

619 **acontecer** *vb* arriver, avoir lieu

▸ **acontecer** em fevereiro – avoir lieu en février
▸ O que **aconteceu**? – Qu'est-il arrivé ?

620 **seleção** *nf* sélection

▸ a **seleção** nacional de futebol – la sélection nationale de football

621 **dúvida** *nf* doute

▸ Não tenho **dúvidas** sobre a tua sinceridade. – Je n'ai pas de doutes sur ta sincérité.

622 **explicar** *vb* expliquer

▸ **explicar** algo a alguém – expliquer quelque chose à quelqu'un
▸ Ela **explicou** o que aconteceu. – Elle a expliqué ce qui est arrivé.

623 **modelo** *nm* modèle

▸ Os pais são **modelos** para os filhos. – Les parents sont des modèles pour leurs enfants.

624 **pé** *nm* pied

▸ Fui à estação a **pé**. – Je suis allé à la gare à pied.

625 **oportunidade** *nf* opportunité

▸ *É uma ótima **oportunidade**! – C'est une très bonne opportunité !*

626 **jornada** *nf* journée

▸ *uma **jornada** de trabalho de oito horas – une journée de travail de huit heures*

627 **versão** *nf* version

▸ *A polícia tem uma outra **versão** dos factos. – La police a une autre version des faits.*

628 **voltar** *vb* revenir, retourner, tourner

▸ ***voltar** à esquerda – tourner à gauche*
▸ ***Volto** a Paris todos os anos – Je retourne à Paris tous les ans.*

629 **espírito** *nm* esprit

▸ *Isso não me veio ao **espírito**. – Cela ne m'est pas venu à l'esprit.*

630 **relativamente** *adv* relativement

▸ *A vantagem é **relativamente** confortável. – L'avantage est relativement confortable.*

631 **concurso** *nm* concours

▸ *um **concurso** de beleza – un concours de beauté*

632 **velho, velha** *adj* vieux, vieille

▸ *um homem **velho** – un vieil homme*

633 **ataque** *nm* attaque

▸ *os **ataques** dos jornalistas – les attaques des journalistes*

634 **federação** *nf* fédération

▸ *a **federação** das indústrias de calçado – la fédération des industries de la chaussure*

635 **madeira** *nf* bois

▸ ***madeira** de pinho – du bois de pin*

636 **conhecimento** *nm* connaissance

▸ *encontrar um velho **conhecimento** – rencontrer une vieille connaissance*

637 **amigo** *nm* ami

▸ *um **amigo** fiel – un ami fidèle*

638 **função** *nf* fonction

▸ *trabalhar na **função** pública – travailler dans la fonction publique*

639 **instalação** *nf* installation

▸ *uma **instalação** elétrica – une installation électrique*

640 **companhia** *nf* compagnie
- ▶ *estar na **companhia** de amigos – être en compagnie d'amis*

641 **posto** *nm* poste
- ▶ *Ele tem um **posto** de responsabilidade. – Il a un poste à responsabilités.*

642 **parlamentar** *adj ; nm* parlementaire
- ▶ *uma comissão **parlamentar** – une commission parlementaire*

643 **acrescentar** *vb* ajouter
- ▶ ***acrescentar** uma ponta de sal – ajouter une pointe de sel*
- ▶ ***Acrescentaria** um último ponto. – J'ajouterais un dernier point.*

644 **redução** *nf* réduction
- ▶ *beneficiar de uma **redução** de preço – bénéficier d'une réduction de prix*

645 **espanhol, espanhola** *adj* espagnol, espagnole
- ▶ *uma cantora **espanhola** – une chanteuse espagnole*

646 **rio** *nm* fleuve
- ▶ *o **rio** Tejo – le fleuve Tage*

647 **profissional** *adj ; nm* professionnel, professionnelle
- ▶ *um futebolista **profissional** – un footballeur professionnel*

648 **crítica** *nf* critique
- ▶ *a **crítica** literária – la critique littéraire*

649 **finança** *nf* finance
- ▶ *o mundo da **finança** – le monde de la finance*

650 **campeonato** *nm* championnat
- ▶ *um **campeonato** de ténis – un championnat de tennis*

651 **realizar** *vb* réaliser
- ▶ ***realizar** um projeto – réaliser un projet*
- ▶ *Os meus sonhos **realizaram-se**. – Mes rêves se sont réalisés.*

652 **metade** *nf* moitié
- ▶ *a **metade** do bolo – la moitié du gâteau*

653 **alemão, alemã** *adj* allemand, allemande
- ▶ *o povo **alemão** – le peuple allemand*

654 **liga** *nf* alliance, union, ligue
- ▶ *a **Liga** das Nações – la Ligue des nations*

655   **passo**   *nm*   pas

  ▸   ***passos** na areia* – *des pas sur le sable*

656   **bola**   *nf*   ballon

  ▸   *jogar à **bola*** – *jouer au ballon*

657   **natureza**   *nf*   nature

  ▸   *a proteção da **natureza*** – *la protection de la nature*

658   **executivo, executiva**   *adj ; nm*   exécutif, exécutive

  ▸   *diretor **executivo*** – *directeur exécutif*

659   **funcionamento**   *nm*   fonctionnement

  ▸   *o **funcionamento** de um aparelho* – *le fonctionnement d'un appareil*

660   **real**   *adj*   réel, réelle, royal, royale

  ▸   *factos **reais*** – *des faits réels*

  ▸   *a família **real*** – *la famille royale*

661   **alteração**   *nf*   changement, altération

  ▸   *a **alteração** dos hábitos* – *le changement des habitudes*

662   **peso**   *nm*   poids

  ▸   *perder **peso*** – *perdre du poids*

663   **emprego**   *nm*   emploi

  ▸   *procurar um **emprego*** – *chercher un emploi*

664   **violência**   *nf*   violence

  ▸   *a **violência** de uma tempestade* – *la violence d'une tempête*

665   **justiça**   *nf*   justice

  ▸   *uma decisão da **justiça*** – *une décision de justice*

666   **escolha**   *nf*   choix

  ▸   *Esse carro é uma boa **escolha**.* – *Cette voiture est un bon choix.*

667   **atrás**   *adv*   derrière, après

  ▸   ***atrás** do sofá* – *derrière le canapé*

668   **reforma**   *nf*   réforme, retraite

  ▸   *a **reforma** da educação* – *la réforme de l'éducation*

669   **ouvir**   *vb*   écouter

  ▸   ***ouvir** música* – *écouter de la musique*

  ▸   *Ele não **ouve** os meus conselhos.* – *Il n'écoute pas mes conseils.*

670 **alma** *nf* âme

▸ *Tens uma **alma** de artista! – Tu as une âme d'artiste !*

671 **figura** *nf* figure, image, personnage

▸ *O triângulo é uma **figura** geométrica. – Le triangle est une figure géométrique.*

672 **festa** *nf* fête

▸ *a **festa** da Páscoa – la fête de Pâques*

673 **taça** *nf* coupe

▸ *uma **taça** de champanhe – une coupe de champagne*

674 **representante** *nm* représentant

▸ *Eles enviaram um **representante**. – Ils ont envoyé un représentant.*

675 **negócio** *nm* affaire

▸ *concluir um **negócio** – conclure une affaire*

676 **confiança** *nf* confiance

▸ *Tenho **confiança** no futuro. – J'ai confiance en l'avenir.*

677 **jogar** *vb* jouer

▸ ***jogar** às cartas – jouer aux cartes*
▸ *Ele **joga** na equipa do Benfica. – Il joue dans l'équipe de Benfica.*

678 **presidência** *nf* présidence

▸ *a **presidência** da empresa – la présidence de l'entreprise*

679 **evolução** *nf* évolution

▸ *a **evolução** de uma doença – l'évolution d'une maladie*

680 **estação** *nf* station, gare, saison

▸ *uma **estação** de metro – une station de métro*
▸ *O inverno é a **estação** mais fria. – L'hiver est la saison la plus froide.*

681 **permitir** *vb* permettre

▸ ***permitir** a acessibilidade – permettre l'accessibilité*
▸ *Isso **permite** ganhar tempo. – Cela permet de gagner du temps.*

682 **resolver** *vb* résoudre

▸ ***resolver** um problema – résoudre un problème*
▸ *Ela **resolveu** os exercícios com facilidade. – Elle a résolu les exercices avec facilité.*

683 **viver** *vb* vivre

▸ *ter alegria de **viver** – avoir la joie de vivre*
▸ *Ele **viveu** mal o divórcio. – Il a mal vécu son divorce.*

684 **morto, morta** *adj ; nom* mort, morte, défunt, défunte
- ▸ *um animal **morto** – un animal mort*

685 **capaz** *adj* capable
- ▸ *O bebé é **capaz** de reconhecer a voz da mãe. – Le bébé est capable de reconnaître la voix de sa mère.*

686 **doença** *nf* maladie
- ▸ *uma **doença** contagiosa – une maladie contagieuse*

687 **funcionário** *nm* fonctionnaire, employé
- ▸ *o **funcionário** de uma empresa – l'employé d'une entreprise*

688 **mesa** *nf* table, comité
- ▸ *pôr a **mesa** – mettre la table*

689 **distrito** *nm* département, district
- ▸ *o **distrito** de Lisboa – le département de Lisbonne*

690 **quarta-feira** *nf* mercredi
- ▸ ***Quarta-feira** de Cinzas – mercredi des cendres*

691 **revista** *nf* revue
- ▸ *uma **revista** desportiva – une revue sportive*

692 **viagem** *nf* voyage
- ▸ *fazer uma **viagem** – faire un voyage*

693 **indústria** *nf* industrie
- ▸ *a **indústria** de madeira – l'industrie du bois*

694 **crime** *nm* crime
- ▸ *Matar é um **crime**. – Tuer est un crime.*

695 **sangue** *nm* sang
- ▸ *dar **sangue** – donner son sang*

696 **apresentação** *nf* présentation
- ▸ *fazer a **apresentação** dos convidados – faire la présentation des invités*

697 **unidade** *nf* unité
- ▸ *a **unidade** do país – l'unité du pays*

698 **propósito** *nm* but
- ▸ *Qual é o **propósito** da sua viagem? – Quel est le but de son voyage ?*

699 **declarar** *vb* déclarer
- ▸ *declarar os rendimentos – déclarer ses revenus*
- ▸ *Ele declarou não saber nada. – Il a déclaré qu'il ne savait rien.*

700 **intenção** *nf* intention
- ▸ *Ela tem a intenção de vir ver-nos. – Elle a l'intention de venir nous voir.*

701 **ligação** *nf* liaison
- ▸ *uma ligação amorosa – une liaison amoureuse*

702 **regional** *adj* régional, régionale
- ▸ *tradições regionais – des traditions régionales*

703 **carro** *nm* voiture
- ▸ *um carro usado – une voiture d'occasion*

704 **grave** *adj* grave
- ▸ *um erro grave – une faute grave*

705 **democracia** *nf* démocratie
- ▸ *A democracia foi instaurada em 1974. – La démocratie a été instaurée en 1974.*

706 **quinta-feira** *nf* jeudi
- ▸ *A decisão será tomada na quinta-feira. – La décision sera prise jeudi.*

707 **conto** *nm* conte
- ▸ *um conto de fadas – un conte de fée*

708 **terça-feira** *nf* mardi
- ▸ *terça-feira de Carnaval – mardi gras*

709 **peça** *nf* pièce
- ▸ *uma peça de teatro – une pièce de théâtre*

710 **popular** *adj* populaire
- ▸ *um artista popular – un artiste populaire*

711 **candidatura** *nf* candidature
- ▸ *apresentar a sua candidatura a um posto – poser sa candidature à un poste*

712 **praticamente** *adv* pratiquement, presque
- ▸ *Ele praticamente não comeu. – Il n'a pratiquement pas mangé.*

713 **combate** *nm* combat
- ▸ *um combate entre adversários – un combat entre adversaires*

714   **análise**   *nf*   analyse
- ▸   *uma **análise** de sangue – une analye de sang*

715   **cruz**   *nf*   croix
- ▸   *fazer uma **cruz** nas casas – faire une croix dans les cases*

716   **mudança**   *nf*   changement, déménagement
- ▸   *uma **mudança** de atitude – un changement d'attitude*

717   **pagamento**   *nm*   paiement
- ▸   *o **pagamento** das compras – le paiement des achats*

718   **castelo**   *nm*   château
- ▸   *Já visitou o **Castelo** de São Jorge? – Avez-vous déjà visité le château Saint-Georges ?*

719   **conhecido, conhecida**   *adj ; nm*   connu, connue, connaissance
- ▸   *uma cantora **conhecida** – une chanteuse connue*
- ▸   *Um dos meus **conhecidos** é médico. – Une de mes connaissances est médecin.*

720   **enorme**   *adj*   énorme, immense
- ▸   *um apartamento **enorme** – un appartement immense*

721   **regra**   *nf*   règle
- ▸   *Devemos respeitar as **regras**. – Nous devons respecter les règles.*

722   **língua**   *nf*   langue
- ▸   *Qual é a sua **língua** materna? – Quelle est votre langue maternelle ?*

723   **ausência**   *nf*   absence
- ▸   *A tua **ausência** foi notada. – Ton absence a été remarquée.*

724   **vereador**   *nm*   conseiller municipal
- ▸   *Encontrei o **vereador** da cultura. – J'ai rencontré le conseiller municipal à la culture.*

725   **memória**   *nf*   mémoire
- ▸   *Ele tem uma boa **memória** visual. – Il a une bonne mémoire visuelle.*

726   **utilização**   *nf*   utilisation
- ▸   *Li e aceito as condições de **utilização**. – J'ai lu et j'accepte les conditions d'utilisation.*

727   **estrada**   *nf*   route
- ▸   *a **estrada** nacional – la route nationale*

728   **conflito**   *nm*   conflit
- ▸   *um **conflito** de interesses – un conflit d'intérêt*

729 **custo** *nm* coût
- ▸ o **custo** da entrega – le coût de la livraison

730 **cá** *adv* ici
- ▸ Vem **cá.** – Viens ici.

731 **verão** *nm* été
- ▸ as férias de **verão** – les vacances d'été

732 **diferença** *nf* différence
- ▸ Qual é a **diferença** entre estes produtos? – Quelle est la différence entre ces produits ?

733 **baixo, baixa** *adj* bas, basse
- ▸ **preços** baixos – des prix bas

734 **entrevista** *nf* entretien, interview
- ▸ uma **entrevista** de trabalho – un entretien d'embauche

735 **breve** *adj ; adv* bref, brève
- ▸ um **breve** comentário – un commentaire bref
- ▸ em **breve** – bientôt

736 **dezena** *nf* dizaine
- ▸ uma **dezena** de laranjas – une dizaine d'oranges

737 **vítima** *nf* victime
- ▸ O acidente fez três **vítimas**. – L'accident a fait trois victimes.

738 **pior** *adj* pire
- ▸ É o **pior** que poderia acontecer. – C'est le pire qui puisse arriver.

739 **humano, humana** *adj ; nm* humain, humaine
- ▸ o corpo **humano** – le corps humain

740 **prever** *vb* prévoir
- ▸ **prever** o pior – prévoir le pire
- ▸ O casamento está **previsto** para maio. – Le mariage est prévu en mai.

741 **médico, médica** *adj ; nm* médical, médicale, médecin
- ▸ uma receita **médica** – une ordonnance, prescription médicale

742 **marca** *nf* marque, trace
- ▸ a **marca** de uma roupa – la marque d'un vêtement

743 **tomada** *nf* prise
- ▸ a **tomada** elétrica – la prise électrique

744 **greve** *nf* grève

▸ *a **greve** dos transportes – la grève des transports*

745 **sinal** *nm* signal, signe

▸ *em **sinal** de amizade – en signe d'amitié*

746 **referendo** *nm* référendum

▸ *Os cidadãos reclamam um **referendo**. – Les citoyens réclament un référendum.*

747 **corrida** *nf* course

▸ *praticar **corrida** a pé – pratiquer la course à pied*

748 **filha** *nf* fille

▸ *A minha **filha** tem dez anos. – Ma fille a dix ans.*

749 **olhar** *vb* regarder

▸ ***olhar** pela janela – regarder par la fenêtre*
▸ ***Olhamos** para as estrelas todas as noites. – Nous regardons les étoiles toutes les nuits.*

750 **queda** *nf* chute

▸ *a **queda** dos cabelos – la chute des cheveux*

751 **agente** *nm* agent

▸ *um **agente** imobiliário – un agent immobilier*

752 **nação** *nf* nation

▸ *uma **nação** independente – une nation indépendante*

753 **comercial** *adj* commercial, commerciale

▸ *Onde fica o centro **comercial**? – Où se trouve le centre commercial ?*

754 **americano, americana** *adj ; nom* américain, américaine

▸ *o continente **americano** – le continent américain*

755 **hospital** *nm* hôpital

▸ *um **hospital** universitário – un hôpital universitaire*

756 **vantagem** *nf* avantage

▸ *As principais **vantagens** deste método são precisão e rigor. – Les principaux avantages de cette méthode sont la précision et la rigueur.*

757 **mostrar** *vb* montrer, présenter

▸ ***mostrar** o funcionamento de um aparelho – montrer le fonctionnement d'un appareil*
▸ *A exposição **mostra** peças únicas. – L'exposition présente des pièces uniques.*

758 **desemprego** *nm* chômage

▸ *O **desemprego** está a diminuir. – Le chômage est en baisse.*

759 **perigo** *nm* danger

▸ *os **perigos** do consumo do tabaco – les dangers de la consommation de tabac*

760 **missão** *nf* mission

▸ *uma **missão** impossível – une mission impossible*

761 **centena** *nf* centaine

▸ *uma **centena** de pessoas – une centaine de personnes*

762 **mínimo, mínima** *adj ; nm* minimal, minimale, minimum

▸ *o salário **mínimo** – le salaire minimal*

763 **precisamente** *adv* précisément

▸ *É **precisamente** o que queremos evitar. – C'est précisément ce que nous voulons éviter.*

764 **inquérito** *nm* enquête

▸ *responder a um **inquérito** – répondre à une enquête*

765 **mau, má** *adj* mauvais, mauvaise, méchant, méchante

▸ *um **mau** conselho – un mauvais conseil*
▸ *uma pessoa **má** – une personne méchante*

766 **domínio** *nm* domination, maîtrise

▸ *um **domínio** perfeito do inglês – une maîtrise parfaite de l'anglais*

767 **expressão** *nf* expression

▸ *A escrita é um meio de **expressão**. – L'écriture est un moyen d'expression.*

768 **fogo** *nm* feu

▸ *um **fogo** de floresta – un feu de forêt*

769 **caráter** *nm* caractère

▸ *ter mau **caráter** – avoir mauvais caractère*

770 **esforço** *nm* effort

▸ *um **esforço** físico – un effort physique*

771 **general** *nm* général

▸ *o **general** do exército – le général de l'armée*

772 **diálogo** *nm* dialogue

▸ *É necessário manter um **diálogo** regular. – Il faut maintenir un dialogue régulier.*

773   **pedir**   *vb*   demander

- ▸   ***pedir*** *um café – demander un café*
- ▸   ***Peço****-te desculpa. – Je te demande pardon.*

774   **consumo**   *nm*   consommation

- ▸   *O nosso **consumo** de eletricidade aumentou. - Notre consommation d'électricité a augmenté.*

775   **notícia**   *nf*   nouvelle

- ▸   *as **notícias** do dia – les nouvelles du jour*

776   **portanto**   *conj*   donc

- ▸   *Estou doente, **portanto** vou deitar-me.– Je suis malade, je vais donc me coucher.*

777   **habitante**   *nm*   habitant

- ▸   *Portugal tem dez milhões de **habitantes**. – Le Portugal a dix millions d'habitants.*

778   **droga**   *nf*   drogue

- ▸   *O consumo de **drogas** aumenta na Europa. – La consommation de drogues augmente en Europe.*

779   **participar**   *vb*   participer

- ▸   *O principal é **participar**! – Le principal est de participer !*
- ▸   ***Participaremos*** *na corrida. – Nous participerons à la course.*

780   **finalmente**   *adv*   finalement

- ▸   ***Finalmente*** *inscrevi-me. – Finalement, je me suis inscrit.*

781   **completamente**   *adv*   complètement

- ▸   *É **completamente** falso! – C'est complètement faux !*

782   **porta-voz**   *nm*   porte-parole

- ▸   *o **porta-voz** do governo – le porte-parole du gouvernement*

783   **treinador**   *nm*   entraîneur

- ▸   *o **treinador** da equipa – l'entraîneur de l'équipe*

784   **tratar**   *vb*   traiter

- ▸   ***tratar*** *o lixo – traiter les déchets*
- ▸   *Esta revista **trata** da arquitetura grega. – Cette revue traite de l'architecture grecque.*

785   **exercício**   *nm*   exercice

- ▸   *Eu faço **exercício** todas as manhãs. – Je fais de l'exercice tous les matins.*

786   **aumentar**   *vb*   augmenter , agrandir

- ▸   *Os preços estão a **aumentar**. – Les prix augmentent.*
- ▸   *A família **aumentou**. – La famille s'est agrandie.*

787 **ouro** *nm* or
- ▸ *um anel em **ouro** – une bague en or*

788 **máximo, máxima** *adj ; nm* maximal, maximale, maximum
- ▸ *as temperaturas **máximas** – les températures maximales*

789 **ora** *adv* maintenant
- ▸ *por **ora** – pour le moment*

790 **incluindo** *prép* y compris
- ▸ *São 80€ por noite, **incluindo** pequeno-almoço. - C'est 80€ par nuit, y compris le petit déjeuner.*

791 **acima** *adv* au-dessus, en haut
- ▸ ***acima** da média – au-dessus de la moyenne*

792 **medo** *nm* peur
- ▸ *O meu irmão tem **medo** do escuro. – Mon frère a peur du noir.*

793 **abrir** *vb* ouvrir
- ▸ ***abrir** a janela – ouvrir la fenêtre*
- ▸ *Esta loja **abre** ao domingo. – Ce magasin ouvre le dimanche.*

794 **palco** *nm* scène
- ▸ *o **palco** do teatro – la scène du théâtre*

795 **artigo** *nm* article
- ▸ *um **artigo** de jornal – un article de journal*

796 **gostar** *vb* aimer
- ▸ ***gostar** de cozinhar – aimer cuisiner*
- ▸ ***Gostamos** de ir ao cinema. – Nous aimons aller au cinéma.*

797 **tendência** *nf* tendance
- ▸ *as **tendências** da moda – les tendances de la mode*

798 **compra** *nm* achat
- ▸ *o pagamento das **compras** – le paiement des achats*

799 **ato** *nm* acte
- ▸ *Este foi um **ato** corajoso. – Ce fut un acte courageux.*

800 **recurso** *nm* moyen, ressource
- ▸ *os **recursos** naturais – les ressources naturelles*

801 **comunista** *adj ; nom* communiste
- ▸ *o partido **comunista** – le parti communiste*

802   **exército**   *nm*   armée

▸   *o Chefe do Estado-Maior do **Exército** – le Chef d'État-Major de l'Armée*

803   **acidente**   *nm*   accident

▸   *um **acidente** de carro – un accident de voiture*

804   **património**   *nm*   patrimoine

▸   *o **património** cultural – le patrimoine culturel*

805   **contudo**   *conj*   toutefois, cependant

▸   *O resultado é mau **contudo** poderia ser pior. – Le résultat est mauvais, cependant il pourrait être pire.*

806   **defender**   *vb*   défendre

▸   ***defender** uma ideia – défendre une idée*
▸   *O exército **defende** a cidade. – L'armée défend la ville.*

807   **tentativa**   *nf*   tentative

▸   *Ele já fez várias **tentativas**. – Il a déjà fait plusieurs tentatives.*

808   **freguesia**   *nf*   commune, canton

▸   *uma **freguesia** rural – une commune rurale*

809   **mandato**   *nm*   mandat

▸   *um **mandato** de quatro anos – un mandat de quatre ans*

810   **rei**   *nm*   roi

▸   *o **rei** de Espanha – le roi d'Espagne*

811   **padre**   *nm*   prêtre

▸   *o **padre** da paróquia – le prêtre de la paroisse*

812   **global**   *adj*   global, globale

▸   *uma política **global** – une politique globale*

813   **aplicação**   *nf*   application

▸   *a **aplicação** das leis – l'application des lois*

814   **obter**   *vb*   obtenir

▸   ***obter** um posto – obtenir un poste*
▸   *Eu **obtive** a autorização. – J'ai obtenu l'autorisation.*

815   **entidade**   *nf*   entité

▸   *uma **entidade** privada – une entité privée*

816 **pressão** *nf* pression
- ▸ *um meio de **pressão** – un moyen de pression*

817 **bolsa** *nf* sac à main, bourse
- ▸ *uma **bolsa** em pele – un sac à main en cuir*

818 **moeda** *nf* monnaie, pièce de monnaie
- ▸ *uma **moeda** estrangeira – une monnaie étrangère*

819 **dimensão** *nf* dimension
- ▸ *uma sala de grande **dimensão** – une pièce de grande dimension*

820 **volume** *nm* volume
- ▸ *um livro em dois **volumes** – un livre en deux volumes*

821 **destinar** *vb* destiner
- ▸ ***destinar** uma quantia para as férias – destiner une somme aux vacances*
- ▸ *Ele **destina**-se à medicina. – Il se destine à la médecine.*

822 **revisão** *nf* révision
- ▸ *fazer a **revisão** do carro – faire la révision de la voiture*

823 **investidor** *nm* investisseur
- ▸ *Os **investidores** estão hesitantes. – Les investisseurs sont hésitants.*

824 **significar** *vb* signifier
- ▸ ***significar** alguma coisa – signifier quelque chose*
- ▸ *O que **significa** essa palavra? – Que signifie ce mot ?*

825 **aberto, aberta** *adj* ouvert, ouverte
- ▸ *A porta está **aberta**. – La porte est ouverte.*

826 **representar** *vb* représenter
- ▸ ***representar** o presidente – représenter le président*
- ▸ *Esta pintura **representa** um veleiro. – Cette peinture représente un voilier.*

827 **material** *nm ; adj* matériel, matérielle
- ▸ *Felizmente são só estragos **materiais**. – Heureusement ce ne sont que des dégâts matériels.*

828 **posse** *nf* possession
- ▸ *O homem foi detido por **posse** de armas. – L'homme a été arrêté pour possession d'armes.*

829 **disco** *nm* disque
- ▸ *O novo **disco** da cantora sai em junho. – Le nouveau disque de la chanteuse sort en juin.*

830 **proteção** *nf* protection
- ▸ a **proteção** do ambiente – la protection de l'environnement

831 **anteontem** *adv* avant-hier
- ▸ Fui ao cinema **anteontem**. – Je suis allé au cinéma avant-hier.

832 **década** *nf* décennie
- ▸ na **década** de 1980 – dans les années 1980

833 **conhecer** *vb* connaître
- ▸ **conhecer** a história de Portugal – connaître l'histoire du Portugal
- ▸ Não **conheço** esta cidade. – Je ne connais pas cette ville.

834 **resolução** *nf* résolution
- ▸ Temos de tomar uma **resolução**. – Nous devons prendre une résolution.

835 **margem** *nf* marge, rive
- ▸ Qual é a **margem** de erro? – Quelle est la marge d'erreur ?

836 **preocupação** *nf* préoccupation
- ▸ As eleições suscitam graves **preocupações**. – Les élections suscitent de graves préoccupations.

837 **menor** *adj* plus petit, plus petite, inférieur, inférieure, moindre, mineur, mineure
- ▸ uma sala **menor** – une salle plus petite
- ▸ Ele é **menor**. – Il est mineur.

838 **cumprir** *vb* accomplir, respecter, exécuter
- ▸ **cumprir** uma missão – accomplir une mission
- ▸ Ele **cumpriu** a promessa feita a sua filha. – Il a respecté la promesse faite à sa fille.

839 **índice** *nm* table des matières, niveau, taux
- ▸ o **índice** do livro – la table des matières du livre

840 **baixa** *nf* baisse
- ▸ uma **baixa** de preços – une baisse de prix

841 **consequência** *nf* conséquence
- ▸ Quais são as **consequências**? – Quelles sont les conséquences ?

842 **silêncio** *nm* silence
- ▸ comer em **silêncio** – manger en silence

843 **gabinete** *nm* bureau, cabinet
- ▸ O **gabinete** do Primeiro-Ministro – le cabinet du Premier Ministre

844 **afinal** *adv* finalement
- ▸ *Afinal ela ganhou o primeiro prémio. – Finalement, elle a gagné le premier prix.*

845 **subida** *nf* montée
- ▸ *a subida dos preços – la montée des prix*

846 **município** *nm* municipalité
- ▸ *O município vai reduzir os impostos. – La municipalité va réduire les impôts.*

847 **comportamento** *nm* comportement
- ▸ *O seu comportamento deve ser exemplar. – Son comportement doit être exemplaire.*

848 **consciência** *nf* conscience
- ▸ *Agi de acordo com a minha consciência. – J'ai agi selon ma conscience.*

849 **classe** *nf* classe
- ▸ *a classe média – la classe moyenne*

850 **britânico, britânica** *nm ; adj* britannique
- ▸ *a comunidade britânica – la communauté britannique*

851 **revelar** *vb* révéler
- ▸ *revelar um segredo – révéler un secret*
- ▸ *A empresa revelou os seus resultados financeiros. – L'entreprise a révélé ses résultats financiers.*

852 **tradição** *nf* tradition
- ▸ *as tradições portuguesas – les traditions portugaises*

853 **cabo** *nm* cap (géographie), manche, bout
- ▸ *o cabo da vassoura – le manche du balai*

854 **ponte** *nf* pont
- ▸ *a ponte sobre o Tejo – le pont sur le Taje*

855 **estatuto** *nm* statut
- ▸ *o estatuto social de uma pessoa – le statut social d'une personne*

856 **divisão** *nf* divison
- ▸ *fazer uma divisão – faire une division*

857 **tu** *pron* tu
- ▸ *Tu não sabes nada. – Tu ne sais rien.*

858 **demasiado, demasiada** *adj* trop de
- ▸ *demasiada comida – trop de nourriture*

859   **orçamento**   *nm*   budget

▸   *o **orçamento** do Estado – le budget de l'État*

860   **financeiro, financeira**   *adj*   financier, financière

▸   *Temos problemas **financeiros**. – Nous avons des problèmes financiers.*

861   **soldado**   *nm*   soldat

▸   *Os **soldados** são corajosos. – Les soldats sont courageux.*

862   **banda**   *nf*   groupe, bande

▸   *uma **banda** desenhada – une bande dessinée*

863   **aspeto**   *nm*   aspect

▸   *mudar de **aspeto** – changer d'aspect*

864   **cenário**   *nm*   décor, scénario

▸   *o **cenário** do filme – le décor du film*

865   **comércio**   *nm*   commerce

▸   *A câmara municipal promove o **comércio** local. – La mairie promeut le commerce local.*

866   **garantir**   *vb*   garantir

▸   ***garantir** a segurança dos cidadãos – garantir la sécurité des citoyens*

▸   *A organização **garante** que tudo estará pronto a tempo. – L'organisation garantit que tout sera prêt à temps.*

867   **férias**   *nf pluriel*   vacances

▸   *as **férias** da Páscoa – les vacances de Pâques*

868   **diretamente**   *adv*   directement

▸   *comprar **diretamente** ao produtor – acheter directement au producteur*

869   **esperança**   *nf*   espérance, espoir

▸   *apesar das **esperanças** – malgré les espérances*

870   **derrota**   *nf*   défaite

▸   *uma **derrota** eleitoral – une défaite électorale*

871   **cooperação**   *nf*   coopération

▸   *uma **cooperação** estreita – une coopération étroite*

872   **legislação**   *nf*   législation

▸   *Não conheço a **legislação** portuguesa. – Je ne connais pas la législation portugaise.*

873   **jardim**   *nm*   jardin

▸   *As crianças brincam no **jardim**. – Les enfants jouent dans le jardin.*

874 **entender** *vb* comprendre
- ▸ *entender as regras do jogo – comprendre les règles du jeu*
- ▸ *Não entendi nada. – Je n'ai rien compris.*

875 **juro** *nm* intérêt
- ▸ *a taxa de juro – le taux d'intérêt*

876 **nota** *nf* note, billet
- ▸ *tomar notas – prendre des notes*

877 **liderança** *nf* direction, leadership
- ▸ *Sob a sua liderança, a empresa cresce. – Sous sa direction, l'entreprise croît.*

878 **ameaça** *nf* menace
- ▸ *uma ameaça para o ambiente – une menace pour l'environnement*

879 **distribuição** *nf* distribution
- ▸ *a distribuição do correio – la distribution du courrier*

880 **uso** *nm* usage, utilisation
- ▸ *o uso da internet – l'usage d'internet*

881 **valer** *vb* valoir
- ▸ *valer a pena – valoir la peine*
- ▸ *Esse casaco vale 100 euros. – Ce manteau vaut 100 euros.*

882 **órgão** *nm* organe
- ▸ *os órgãos digestivos – les organes digestifs*

883 **fundação** *nf* fondation
- ▸ *A fundação da cidade data de 1852. – La fondation de la ville date de 1852.*

884 **conclusão** *nf* conclusion
- ▸ *Quais são as conclusões do inquérito? – Quelles sont les conclusions de l'enquête ?*

885 **par** *nm* paire
- ▸ *um par de sapatos – une paire de chaussures*

886 **igual** *adj* égal, égale, pareil, pareille
- ▸ *a trabalho igual, salário igual – à travail égal, salaire égal*

887 **polémica** *nf* polémique
- ▸ *A polémica é lançada. – La polémique est lancée.*

888 **torno (em torno de)** *nm* autour de
- ▸ *A discussão gira em torno do desemprego. – La discussion tourne autour du chômage.*

889   independência   *nf*   indépendance
▸   *Gosto da minha **independência**. – J'aime mon indépendance.*

890   atuação   *nf*   façon d'agir, performance, jeu
▸   *O ator teve uma excelente **atuação**. – La performance de l'acteur a été excellente.*

891   referência   *nf*   référence
▸   *O Governo faz **referência** a um artigo da Constituição. – Le Gouvernement fait référence à un article de la Constitution.*

892   ciclo   *nm*   cycle
▸   *o primeiro **ciclo** universitário – le premier cycle universitaire*

893   andar   *vb*   aller, marcher
▸   ***andar** todos os dias – marcher tous les jours*
▸   *O carro **anda** bem. – La voiture marche bien.*

894   vigor   *nm*   vigueur
▸   *responder com **vigor** – répondre avec vigueur*

895   estilo   *nm*   style
▸   *um móvel de **estilo** moderno – un meuble de style moderne*

896   italiano, italiana   *adj*   italien, italienne
▸   *um vinho **italiano** – un vin italien*

897   objeto   *nm*   objet
▸   *Trata-se de um **objeto** raro. – Il s'agit d'un objet rare.*

898   sorte   *nf*   chance, sort
▸   *Boa **sorte!** – Bonne chance !*

899   normal   *adj*   normal, normale
▸   *Isto não é **normal**. – Ceci n'est pas normal.*

900   cena   *nf*   scène
▸   *a primeira **cena** do filme – la première scène du film*

901   museu   *nm*   musée
▸   *O **museu** é aberto de segunda a sexta. – Le musée est ouvert du lundi au vendredi.*

902   parque   *nm*   parc
▸   *o **parque** natural – le parc naturel*

903   fundamental   *adj*   fondamental, fondamentale
▸   *Este elemento é **fundamental**. – Cet élément est fondamental.*

904 **branco, branca** *nm ; adj* blanc, blanche
- *uma camisa **branca** – une chemise blanche*

905 **particularmente** *adv* particulièrement
- *Eu não gosto **particularmente** de viajar. – Je n'aime pas particulièrement voyager.*

906 **torre** *nf* tour
- *uma **torre** de dez andares – une tour de dix étages*

907 **financiamento** *nm* financement
- *o **financiamento** da investigação – le financement de la recherche*

908 **marcar** *vb* convenir, marquer
- ***marcar** um encontro – fixer un rendez-vous*
- *O jogador **marcou** o golo decisivo. – Le joueur a marqué le but décisif.*

909 **vencer** *vb* remporter, vaincre
- ***vencer** o medo – vaincre sa peur*
- *A equipa nacional **venceu** a competição. - L'équipe nationale a remporté la compétition.*

910 **manutenção** *nf* maintenance, entretien
- *a **manutenção** da piscina – l'entretien de la piscine*

911 **lançamento** *nm* lancement
- *o **lançamento** de um novo produto no mercado – le lancement d'un nouveau produit sur le marché*

912 **eventual** *adj* éventuel, éventuelle
- *um **eventual** acordo entre o jogador e o clube – un accord éventuel entre le joueur et le club*

913 **percurso** *nm* parcours
- *Fizemos todo o **percurso** a pé. – Nous avons fait tout le parcours à pied.*

914 **cem** *adj* cent
- ***cem** mil pessoas – cent mille personnes*

915 **solidariedade** *nf* solidarité
- *a **solidariedade** entre os trabalhadores – la solidarité entre les travailleurs*

916 **construir** *vb* construire
- ***construir** uma casa – construire une maison*
- *A cidade foi **construída** no século V. – La ville a été construite au Vè siècle.*

917 **alvo** *nm* cible
- *atingir o **alvo** – atteindre la cible*

918 **rapidamente** *adv* rapidement
- ▸ *adormecer **rapidamente** – s'endormir rapidement*

919 **aprovação** *nf* approbation
- ▸ *dar a sua **aprovação** – donner son approbation*

920 **senhora** *nf* dame, madame
- ▸ *Bom dia, senhores e **senhoras.** – Bonjour messieurs-dames.*

921 **inglês, inglesa** *nom ; adj* anglais, anglaise
- ▸ *Os **ingleses** gostam de futebol. – Les anglais aiment le football.*

922 **decorrer** *vb* se dérouler, passer (le temps), découler
- ▸ ***decorrer** de um longo processo – découler d'un long processus*
- ▸ *A festa **decorreu** no parque municipal. – La fête s'est déroulée dans le parc municipal.*

923 **concerto** *nm* concert
- ▸ *Vens comigo ao **concerto**? – Est-ce que tu viens avec moi au concert ?*

924 **ritmo** *nm* rythme
- ▸ *O **ritmo** de trabalho é intenso. – Le rythme de travail est intense.*

925 **rádio** *nf* radio
- ▸ *ouvir uma emissão de **rádio** – écouter une émission de radio*

926 **influência** *nf* influence
- ▸ *Ele tem boa **influência** sobre ela. – Il a une bonne influence sur elle.*

927 **cedo** *adv* tôt
- ▸ *Deito-me e levanto-me **cedo**. – Je me couche et je me lève tôt.*

928 **ocasião** *nf* occasion
- ▸ *Vi-o por **ocasião** das festas. – Je l'ai vu à l'occasion des fêtes.*

929 **juiz** *nm* juge
- ▸ *O **juiz** condenou a prisão o homem. – Le juge a condamné l'homme à de la prison.*

930 **contacto** *nm* contact
- ▸ *Estou em **contacto** com o Presidente da associação. – Je suis en contact avec le président de l'association.*

931 **opção** *nf* option
- ▸ *Qual é a melhor **opção**? – Quelle est la meilleure option ?*

932 **festival** *nm* festival
- ▸ *O **festival** está a decorrer até domingo. – Le festival se déroule jusque dimanche.*

933 desejar *vb* désirer, souhaiter
- ▸ *desejar uma boa viagem – souhaiter un bon voyage*
- ▸ *O que **deseja**? – Que désirez-vous ?*

934 certeza *nf* certitude
- ▸ *A vinda dele é uma **certeza**. – Sa venue est une certitude.*

935 imediato, imediata *adj* immédiat, immédiate
- ▸ *uma resposta **imediata** – une réponse immédiate*

936 verdadeiro, verdadeira *adj* vrai, vraie
- ▸ *uma história **verdadeira** – une histoire vraie*

937 aceitar *vb* accepter
- ▸ *aceitar uma prenda – accepter un cadeau*
- ▸ ***Aceito** as tuas desculpas. – J'accepte tes excuses.*

938 existente *adj* existant, existante
- ▸ *Os recursos **existentes** não são suficientes. – Les ressources existantes ne sont pas suffisantes.*

939 ilha *nf* île
- ▸ *A Madeira é uma **ilha** vulcânica. – Madère est une île volcanique.*

940 totalmente *adv* totalement
- ▸ *Ela tem **totalmente** razão. – Elle a totalement raison.*

941 evidente *adj* évident, évidente
- ▸ *Parece-me **evidente** que vai ser difícil. – Il me semble évident que ça va être difficile.*

942 responder *vb* répondre
- ▸ *responder ao telefone – répondre au téléphone*
- ▸ *Isso não **responde** à questão. – Cela ne répond pas à la question.*

943 vinte *adj* vingt
- ▸ *Esperei mais de **vinte** minutos! – J'ai attendu plus de vingt minutes !*

944 competição *nf* compétition
- ▸ *uma **competição** desportiva – une compétition sportive*

945 leitura *nf* lecture
- ▸ *A **leitura** é o meu passatempo favorito. – La lecture est mon passe-temps favori.*

946 chamado, chamada *adj* soi-disant, dénommé, dénommée
- ▸ *os **chamados** amigos – les soi-disant amis*

947   **estreia**   *nf*   première

▸   a **estreia** de um filme – la première d'un film

948   **terminar**   *vb*   terminer, se terminer

▸   **terminar** um trabalho – terminer un travail

▸   A história **termina** bem. – L'histoire se termine bien.

949   **julgamento**   *nm*   jugement

▸   O **julgamento** foi pronunciado. – Le jugement a été prononcé.

950   **prémio**   *nm*   prix (récompense)

▸   ganhar o **prémio** Nobel – gagner le prix Nobel

951   **chegada**   *nf*   arrivée

▸   A **chegada** do comboio está prevista às 14h35. – L'arrivée du train est prévue à 14h35.

952   **suficiente**   *adj*   suffisant, suffisante

▸   rendimentos **suficientes** – des revenus suffisants

953   **exceção**   *nf*   exception

▸   A **exceção** confirma a regra. – L'exception confirme la règle.

954   **velocidade**   *nf*   vitesse

▸   A **velocidade** é limitada a 90 km/h. – La vitesse est limitée à 90 km/h.

955   **senão**   *conj*   sinon, sauf

▸   Apressa-te, **senão** perdes o comboio. – Dépêche-toi sinon tu vas râter le train.

956   **correr**   *vb*   courir

▸   **correr** depressa – courir vite

▸   **Corro** porque tenho pressa. – Je cours parce que je suis pressé.

957   **brasileiro, brasileira**   *nom ; adj*   brésilien, brésilienne

▸   Gosto de ouvir música **brasileira**. – J'aime écouter de la musique brésilienne.

958   **avançar**   *vb*   avancer, faire avancer

▸   **avançar** a data do encontro – avancer la date du rendez-vous

▸   **Avançamos** depressa. – Nous avançons vite.

959   **impossível**   *adj*   impossible

▸   É **impossível** conversar com ele. – C'est impossible de discuter avec lui.

960   **excelente**   *adj*   excellent, excellente

▸   O almoço foi **excelente**. – Le déjeuner était excellent.

961 colaboração *nf* collaboration

▸ *A **colaboração** de todos é indispensável. – La collaboration de tous est indispensable.*

962 tradicional *adj* traditionnel, traditionnelle

▸ *Gostamos da cozinha **tradicional** portuguesa. – Nous aimons la cuisine traditionnelle portugaise.*

963 verba *nf* montant

▸ *Eles pediam uma **verba** elevada. – Ils ont demandé un montant élevé.*

964 surgir *vb* surgir, apparaître, survenir

▸ *surgir da **água** – surgir de l'eau*
▸ *O problema **surgiu** na semana passada. – Le problème est apparu la semaine dernière.*

965 alternativa *nf* alternative

▸ *Ele não teve outra **alternativa** senão avançar. – Il n'avait pas d'autre alternative que d'avancer.*

966 adversário *nm* adversaire

▸ *É um **adversário** perigoso. – C'est un adversaire dangereux.*

967 essencial *adj* essentiel, essentielle

▸ *A água é um elemento **essencial** da vida. – L'eau est un élément essentiel de la vie.*

968 mudar *vb* changer

▸ ***mudar** de casa – déménager*
▸ *Isso **muda** as regras do jogo. – Cela change les règles du jeu.*

969 acontecimento *nm* évènement

▸ *Os **acontecimentos** tiveram um impacto imediato. – Les événements ont eu un impact immédiat.*

970 legislativo, legislativa *adj* législatif, législative

▸ *o poder **legislativo** – le pouvoir législatif*

971 integração *nf* intégration

▸ *Eles rejeitaram a **integração** na União Europeia. – Ils ont rejeté l'intégration dans l'Union Européenne.*

972 delegação *nf* délégation

▸ *uma **delegação** de deputados europeus – une délégation de députés européens*

973 distância *nf* distance

▸ *A que **distância** do aeroporto fica o hotel? – À quelle distance de l'aéroport se trouve l'hôtel ?*

974 **constituir** *vb* constituer

▸ *constituir uma associação – constituer une association*

▸ *A moradia é **constituída** por dois pisos. – La villa est constituée de deux étages.*

975 **automóvel** *nm* automobile

▸ *um seguro **automóvel** – une assurance automobile*

976 **pergunta** *nf* question

▸ *É uma boa **pergunta**. – C'est une bonne question.*

977 **cor** *nf* couleur

▸ *de todas as **cores** – de toutes les couleurs*

978 **industrial** *adj* industriel, industrielle

▸ *na zona **industrial** – dans la zone industrielle*

979 **respetivamente** *adv* respectivement

▸ *As exportações e as importações de bens aumentaram **respetivamente** 5% e 10%. – Les exportations et les importations de biens ont augmenté respectivement de 5% et 10%.*

980 **cerimónia** *nf* cérémonie

▸ *a **cerimónia** do casamento – la cérémonie du mariage*

981 **bem** *nm* bien, produit

▸ *os **bens** de consumo – les biens de consommation*

982 **funcionar** *vb* fonctionner

▸ *pôr a **funcionar** – faire fonctionner*

▸ *O aparelho **funciona** bem. – L'appareil fonctionne bien.*

983 **tornar** *vb* retourner, recommencer, devenir

▸ ***tornar** a casa – retourner à la maison*

▸ *Ela **tornou-se** alta. – Elle est devenue grande.*

984 **despesa** *nf* dépense

▸ *as **despesas** com o transporte – les dépenses de transport*

985 **género** *nm* genre

▸ *o **género** humano – le genre humain*

986 **atingir** *vb* atteindre

▸ ***atingir** o objetivo – atteindre l'objectif*

▸ *A temperatura **atingiu** os 40 graus. – La température a atteint les 40 degrés.*

987 **vice-presidente** *nm* vice-président

▸ *o **vice-presidente** da Academia de Artes – le vice-président de l'Académie des Arts*

988   **certamente**   *adv*   certainement

▸   *Alguém **certamente** pensou nisso – Quelqu'un y a certainement pensé.*

989   **doente**   *nm ; adj*   malade

▸   *ficar **doente** – tomber malade*

990   **provavelmente**   *adv*   probablement

▸   *É **provavelmente** o melhor restaurante em Lisboa. – C'est probablement le meilleur restaurant de Lisbonne.*

991   **animal**   *nm*   animal

▸   *O cão é o **animal** de estimação preferido dos portugueses. – Le chien est l'animal de compagnie préféré des portugais.*

992   **exploração**   *nf*   exploration, exploitation

▸   *uma **exploração** agrícola – une exploitation agricole*

993   **perspetiva**   *nf*   perspective

▸   *As **perspetivas** de futuro são otimistas. – Les perspectives d'avenir sont optimistes.*

994   **corrente**   *nf ; adj*   courant, courante, en cours

▸   *a **corrente** elétrica – le courant électrique*

▸   *o **corrente** mês – le mois en cours*

995   **colocar**   *vb*   poser, placer

▸   ***colocar** uma questão – poser une question*

▸   ***Coloque** o peixe no prato de serviço. – Placez le poisson dans le plat de service.*

996   **empresário**   *nm*   entrepreneur

▸   *Apoiamos os **empresários** a exportar. – Nous aidons les entrepreneurs à exporter.*

997   **som**   *nm*   son

▸   *baixar o **som** da televisão – baisser le son de la télévision*

998   **discutir**   *vb*   discuter, se disputer

▸   ***discutir** uma ordem – discuter un ordre*

▸   *Eles **discutem** a estratégia a seguir. – Ils discutent de la stratégie à suivre.*

999   **atraso**   *nm*   retard

▸   *O avião chegou com um **atraso** de cerca de uma hora. – L'avion est arrivé avec un retard d'environ une heure.*

1000   **reforço**   *nm*   renfort, renforcement

▸   *O governo anuncia **reforço** das medidas de segurança. – Le gouvernement annonce le renforcement des mesures de sécurité.*

Index alphabétique

A

apesar *prép* malgré 183

aplicação *nf* application 813

apoio *nm* appui, soutien 199

após *prép* après 182

apresentação *nf* présentation 696

apresentar *vb* présenter 566

aprovação *nf* approbation 919

aquele, aquela *adj ; pron* ce, cette, celui-là, celle-là 349

aqui *adv* ici 148

aquilo *pron* ce, cela 576

ar *nm* air 483

área *nf* aire, zone, domaine 190

arma *nf* arme 568

arte *nf* art 520

artigo *nm* article 795

aspeto *nm* aspect 863

assembleia *nf* assemblée 249

assim *adv* ainsi, donc, de cette façon 75

associação *nf* association 291

assunto *nm* sujet 500

ataque *nm* attaque 633

até *prép ; adv* jusque, même 32

atenção *nf ; interj* attention 540

atingir *vb* atteindre 986

atitude *nf* attitude 615

atividade *nf* activité 322

ato *nm* acte 799

atrás *adv* derrière, après 667

atraso *nm* retard 999

através *adv* à travers 155

atuação *nf* façon d'agir, performance, jeu 890

atual *adj* actuel, actuelle 188

atualmente *adv* actuellement 472

aumentar *vb* augmenter , agrandir 786

aumento *nm* augmentation 321

ausência *nf* absence 723

autarquia *nf* gouvernement/autorité autonome 340

automóvel *nm* automobile 975

autor *nm* auteur 463

autoridade *nf* autorité 384

avançar *vb* avancer, faire avancer 958

B

baixa *nf* baisse 840

baixo, baixa *adj* bas, basse 733

banco *nm* banc, banque 405

banda *nf* groupe, bande 862

base *nf* base 307

bastante *adv ; adj* assez, pas mal, suffisant(e) 431

bem *adv* bien 52

bem *nm* bien, produit 981

bola *nf* ballon 656

bolsa *nf* sac à main, bourse 817

bom, boa *adj* bon, bonne 211

branco, branca *nm ; adj* blanc, blanche 904

brasileiro, brasileira *nom ; adj* brésilien(ne) 957

breve *adj* bref, brève 735

britânico, britânica *nm ; adj* britannique 850

C

cá *adv* ici 730

cabeça *nf* tête 378

cabo *nm* cap (géographie), manche, bout 853

cada *pron* chaque, chacun, chacune, tous les, toutes les 96

câmara *nf* chambre, caméra 95

caminho *nm* chemin 386

campanha *nf* campagne 301

campeonato *nm* championnat 650

campo *nm* campagne, champ, terrain 319

candidato *nm* candidat 481

candidatura *nf* candidature 711

capacidade *nf* capacité 388

capaz *adj* capable 685

capital *nom ; adj* capital, capitale 169

carácter *nm* caractère 769

cargo *nm* charge, responsabilité 527

carreira *nf* carrière 608

carro *nm* voiture 703

carta *nf* lettre 445

casa *nf* maison 117

caso *nm* cas, affaire, histoire 77

castelo *nm* château 718

causa *nf* cause 160

cedo *adv* tôt 927

cem *adj* cent 914

cena *nf* scène 900

cenário *nm* décor, scénario 864

centena *nf* centaine 761

cento (por cento) *nm* pour cent 38

central *adj* central, centrale 370

centro *nm* centre 273

cerca *adv* près, environ, à peu près, autour, aux alentours 85

cerimónia *nf* cérémonie 980

certamente *adv* certainement 988

certeza *nf* certitude 934

certo, certa *adj ; adv* juste, exact(e), certain(e) 325

chamado *adj* soi-disant, dénommé(e) 946

chefe *nm* chef 385

chegada *nf* arrivée 951

chegar *vb* arriver 279

ciclo *nm* cycle 892

cidadão *nm* citoyen 548

cidade *nf* ville 113

cima *nf* sommet, haut 567

cinco *adj* cinq 122

cinema *nm* cinéma 452

civil *adj* civil 526

claro, clara *adj ; adv* clair(e), clairement 477

classe *nf* classe 849

clube *nm* club 381

coisa *nf* chose 207

colaboração *nf* collaboration 961

colocar *vb* poser, placer 995

com *prép* avec 8

combate *nm* combat 713

começar *vb* commencer 317

comercial *adj* commercial, commerciale 753

comércio *nm* commerce 865

comissão *nf* commission 184

como *conj ; adv* comment, comme 15

companhia *nf* compagnie 640

competição *nf* compétition 944

completamente *adv* complètement 781

comportamento *nm* comportement 847

compra *nm* achat 798

comum *adj* commun(e), ordinaire 589

comunicação *nf* communication 537

comunicado *nm* communiqué 585

comunidade *nf* communauté 584

comunista *adj ; nom* communiste 801

concelho *nm* municipalité, arrondissement 310

concerto *nm* concert 923

conclusão *nf* conclusion 884

concurso *nm* concours 631

condição *nf* condition 175

conferência *nf* conférence 441

confiança *nf* confiance 676

conflito *nm* conflit 728

congresso *nm* congrès 570

conhecer *vb* connaître 833

conhecido, conhecida *adj ; nm* connu(e), connaissance 719

conhecimento *nm* connaissance 636

conjunto *nm* ensemble 285

consciência *nf* conscience 848

conseguir *vb* réussir, obtenir 376

conselho *nm* conseil 205

consequência *nf* conséquence 841

considerar *vb* considérer 422

constituir *vb* constituer 974

construção *nf* construction 198

construir *vb* construire 916

consumo *nm* consommation 774

conta *nf* addition, compte 167

contacto *nm* contact 930

contar *vb* compter, raconter 48

continuar *vb* continuer 256

conto *nm* conte 707

contra *prép* contre 58

contrário, contrária *nm ; adj* contraire 306

contrato *nm* contrat 604

controlo *nm* contrôle 562

contudo *conj* toutefois, cependant 805

cooperação *nf* coopération 871

cor *nf* couleur 977

coração *nm* cœur 547

corpo *nm* corps 401

corrente *nf ; adj* courant(e), en cours 994

correr *vb* courir 956

corrida *nf* course 747

crescimento *nm* croissance 473

criação *nf* création, élevage 254

criança *nf* enfant 503

criar *vb* créer, élever 461

crime *nm* crime 694

crise *nf* crise 374

crítica *nf* critique 648

crise *nf* crise 374

crítica *nf* critique 648

cruz *nf* croix 715

cujo, cuja *pron* dont 372

cultura *nf* culture 518

cultural *adj* culturel, culturelle 611

cumprir *vb* accomplir, respecter, exécuter 838

curso *nm* cours 522

custo *nm* coût 729

D

dado *nm* donnée, dé 430

dar *vb* donner 132

data *nf* date 467

de *prép* de, en, à 1

debate *nm* débat 369

década *nf* décennie 832

decidir *vb* décider 565

decisão *nf* décision 186

declaração *nf* déclaration 434

declarar *vb* déclarer 699

decorrer *vb* se dérouler, passer, découler 922

defender *vb* défendre 806

defesa *nf* défense 246

deixar *vb* laisser, quitter, arrêter 419

delegação *nf* délégation 972

demasiado, demasiada *adj* trop de 858

democracia *nf* démocratie 705

dentro *adv* dans, d'ici, à l'intérieur 218

depois *adv* après 39

deputado *nm* député 455

derrota *nf* défaite 870

desde *prép ; conj* depuis 82

desejar *vb* désirer, souhaiter 933

desemprego *nm* chômage 758

desenvolvimento *nm* développement 296

despesa *nf* dépense 984

destinar *vb* destiner 821

deus *nm* dieu 275

dever *vb* devoir 168

devido, devida *adj* dû, due 280

dez *adj* dix 220

dezembro *nm* décembre 428

dezena *nf* dizaine 736

dia *nm* jour 41

diálogo *nm* dialogue 772

diferença *nf* différence 732

diferente *adj* différent, différente 387

difícil *adj* difficile 320

dificuldade *nf* difficulté 480

dimensão *nf* dimension 819

dinheiro *nm* argent 239

direção *nf* direction 227

direita *nf* droite 614

direito, direita *nm ; adj* droit, droite 228

diretamente *adv* directement 868

diretor *nm* directeur 366

dirigente *nm* dirigeant 470

disco *nm* disque 829

discurso *nm* discours 516

discussão *nf* discussion 594

discutir *vb* discuter de, se disputer 998

distância *nf* distance 973

distribuição *nf* distribution 879

distrito *nm* département 689

diverso, diversa *adj* divers, diverse 521

divisão *nf* divison 856

dizer *vb* dire 70

documento *nm* document 409

doença *nf* maladie 686

doente *nm ; adj* malade 989

dois *adj* deux 30

dólar *nm* dollar 335

domingo *nm* dimanche 444

domínio *nm* domination, maîtrise 766

droga *nf* drogue 778

duas *adj* deux 30

durante *prép* pendant 79

dúvida *nf* doute 621

E

e *conj* et 4

economia *nf* économie 478

económico, económica *adj* économique, économe 496

edição *nf* édition 351

edifício *nm* immeuble 580

educação *nf* éducation 546

efeito *nm* effet 488

ele, ela *pron* il, elle, lui 69

eleição *nf* élection 191

eleitoral *adj* électoral, électorale 512

elemento *nm* élément 393

em *prép* dans, en, à 5

embora *conj* bien que 187

emprego *nm* emploi 663

empresa *nf* entreprise 115

empresário *nm* entrepreneur 996

encontrar *vb* trouver, rencontrer 200

encontro *nm* rencontre, rendez-vous 501

enorme *adj* énorme, immense 720

enquanto *conj* pendant que 123

ensino *nm* enseignement 380

entanto *adv* cependant 140

então *adv* alors 128

entender *vb* comprendre 874

entidade *nf* entité 815

entrada *nf* entrée 314

entrar *vb* entrer 451

entre *prép* entre 23

entretanto *adv* entre-temps 524

entrevista *nf* entretien, interview 734

época *nf* époque 278

equipa *nf* équipe 114

escolha *nf* choix 666

escudo *nm* bouclier, escudo 414

esforço *nm* effort 770

espaço *nm* espace 224

espanhol, espanhola *adj* espagnol(e) 645

especial *adj* spécial, spéciale 446

espécie *nf* espèce 525

esperança *nf* espérance, espoir 869

esperar *vb* attendre, espérer 358

espetáculo *nm* spectacle 404

espírito *nm* esprit 629

esquerda *nf* gauche 582

esse, essa *adj ; pron* ce, cette, celui-là, celle-là 162

essencial *adj* essentiel, essentielle 967

estação *nf* station, gare, saison 680

estado *nm* état 76

estar *vb* être (état, condition) 27

estatuto *nm* statut 855

este, esta *adj ; pron* ce, cette, celui-ci, celle-ci 40

estilo *nm* style 895

estrada *nf* route 727

estrangeiro *nm ; adj* étranger, étrangère 612

estratégia *nf* stratégie 561

estreia *nf* première 947

estrutura *nf* structure 590

estudante *nom* étudiant, étudiante 554

estudo *nm* étude 339

eu *pron* je, moi 97

europeu, europeia *adj* européen(ne) 264

eventual *adj* éventuel, éventuelle 912

evidente *adj* évident, évidente 941

evitar *vb* éviter 572

evolução *nf* évolution 679

exceção *nf* exception 953

excelente *adj* excellent, excellente 960

executivo, executiva *adj ; nm* exécutif 658

exemplo *nm* exemple 142

exercício *nm* exercice 785

exército *nm* armée 802

existência *nf* existence 458

existente *adj* existant, existante 938

existir *vb* exister 425

experiência *nf* expérience 530

explicar *vb* expliquer 622

exploração *nf* exploration, exploitation 992

exposição *nf* exposition 397

expressão *nf* expression 767

F

face *nf* face 272

fácil *adj* facile 592

facto *nm* fait 100

falar *vb* parler 289

falta *nf* manque, faute, absence 176

família *nf* famille 324

fase *nf* phase 266

favor *nm* service, faveur 549

fazer *vb* faire 50

federação *nf* fédération 634

férias *nf pluriel* vacances 867

festa *nf* fête 672

festival *nm* festival 932

fevereiro *nm* février 609

ficar *vb* rester, être, se situer, devenir 241

figura *nf* figure, image, personnage 671

filha *nf* fille 748

filho *nm* fils, enfants (*au pluriel*) 474

filme *nm* film 255

fim *nm* fin 107

final *adj ; nf* final, finale 93

finalmente *adv* finalement 780

finança *nf* finance 649

financeiro, financeira *adj* financier(ère) 860

financiamento *nm* financement 907

fogo *nm* feu 768

fonte *nf* fontaine, source 459

fora *adv* dehors, à l'étranger 153

força *nf* force 281

forma *nf* forme, façon 81

formação *nf* formation 316

forte *nm ; adj* fort, forte 308

francês, francesa *nom ; adj* français(e) 423

freguesia *nf* commune, canton 808

frente *nf* devant 151

função *nf* fonction 638

funcionamento *nm* fonctionnement 659

funcionar *vb* fonctionner 982

funcionário *nm* fonctionnaire, employé 687

fundação *nf* fondation 883

fundamental *adj* fondamental(e) 903

fundo *nm* fond 395

futebol *nm* football 261

futuro, futura *nm ; adj* futur, future 210

G

gabinete *nm* bureau, cabinet 843

ganhar *vb* gagner 531

garantir *vb* garantir 866

general *nm* général 771

género *nm* genre 985

gente *nf* gens 248

geral *adj* général, générale 257

gestão *nf* gestion 398

global *adj* global, globale 812

golo *nm* but 564

gostar *vb* aimer 796

governo *nm* gouvernement 54

grande *adj* grand, grande 51

grave *adj* grave 704

greve *nf* grève 744

grupo *nm* groupe 104

guerra *nf* guerre 178

H

habitante *nm* habitant 777

haver *vb* y avoir 29

hipótese *nf* hypothèse 550

história *nf* histoire 189

hoje *adv* aujourd'hui 67

homem *nm* homme 138

hora *nf* heure 152

hospital *nm* hôpital 755

humano, humana *adj ; nm* humain(e) 739

I

idade *nf* âge 601

ideia *nf* idée 223

igreja *nf* église 511

igual *adj* égal, égale, pareil, pareille 886

igualmente *adv* également 465

ilha *nf* île 939

imagem *nf* image 361

imediato, imediata *adj* immédiat(e) 935

importância *nf* importance 515

importante *adj* important(e) 233

impossível *adj* impossible 959

imprensa *nf* presse 303

incluindo *prép* y compris 790

independência *nf* indépendance 889

índice *nm* table des matières, niveau, taux 839

indústria *nf* industrie 693

industrial *adj* industriel, industrielle 978

influência *nf* influence 926

informação *nf* information 300

inglês, inglesa *nom ; adj* anglais(e) 921

iniciativa *nf* initiative 318

início *nm* début 181

inquérito *nm* enquête 764

instalação *nf* installation 639

instituição *nf* institution 534

instituto *nm* institut 313

integração *nf* intégration 971

intenção *nf* intention 700

interesse *nm* intérêt 426

interior *adj ; nm* intérieur, intérieure 545

internacional *adj* international (e) 277

intervenção *nf* intervention 288

investidor *nm* investisseur 823

investigação *nf* enquête, recherche 559

investimento *nm* investissement 456

ir *vb* aller 46

isso *pron* ça, cela 64

isto *pron* ceci 161

italiano, italiana *adj* italien, italienne 896

J

já *adv* déjà, tout de suite 19

janeiro *nm* janvier 329

jardim *nm* jardin 873

jogador *nm* joueur 336

jogar *vb* jouer 677

jogo *nm* jeu, partie 124

jornada *nf* journée 626

jornal *nm* journal 468

jornalista *nm* journaliste 436

jovem *adj* jeune 265

juiz *nm* juge 929

julgamento *nm* jugement 949

julho *nm* juillet 432

junho *nm* juin 382

junto, junta *adj ; adv* joint(e), ensemble, au côté de 219

juro *nm* intérêt 875

justiça *nf* justice 665

L

lá *adv* là-bas 147

lado *nm* côté 91

lançamento *nm* lancement 911

legislação *nf* législation 872

legislativo, legislativa *adj* législatif(ve) 970

lei *nf* loi 193

liga *nf* alliance, union, ligue 654

ligação *nf* liaison 701

língua *nf* langue 722

linha *nf* ligne, fil 392

lista *nf* liste 389

livre *adj* libre 571

livro *nm* livre 330

leitura *nf* lecture 945

levar *vb* emporter, emmener 555

lhe *pron* lui, vous 60

liberdade *nf* liberté 493

líder *nm* chef 209

liderança *nf* direction, leadership 877

local *nm ; adj* endroit, local, locale 156

logo *adv* tout de suite, immédiatement, tout à l'heure 197

longe *adj* loin 391

longo, longa *adj* long, longue 243

lugar *nm* endroit, place 112

luta *nf* lutte 323

luz *nf* lumière 517

M

madeira *nm* bois 635

mãe *nf* mère 528

maio *nm* mai 315

maior *adj* plus grand(e), majeur(e) 89

maioria *nf* majorité 180

mais *adv* plus 14

mal *nm ; adv* mal 250

mandato *nm* mandat 809

maneira *nf* manière, façon 427

manhã *nf* matin 504

manter *vb* conserver, garder, maintenir 523

manutenção *nf* maintenance, entretien 910

mão *nf* main 333

mar *nf* mer 556

marca *nf* marque, trace 742

marcar *vb* convenir, marquer 908

março *nm* mars 420

margem *nf* marge, rive 835

mas *conj* mais 18

matéria *nf* matière 433

material *nm ; adj* matériel, matérielle 827

mau, má *adj* mauvais(e), méchant(e) 765

máximo, máxima *adj ; nm* maximal(e), maximum 788

me *pron* me, moi 87

média *nf* moyenne 494

médico, médica *adj ; nm* médical(e), médecin 741

medida *nf* mesure 350

medo *nm* peur 792

meio, meia *nm ; adj* milieu, moitié, moyen, demi 146

melhor, melhora *adj ; adv* meilleur(e), mieux 105

membro *nm* membre 338

memória *nf* mémoire 725

menor *adj* plus petit(e), inférieur(e), moindre 837

menos *adv ; pron* moins, sauf 71

mercado *nm* marché 126

mês *nm* mois 134

mesa *nf* table, comité 688

mesmo, mesma *adj ; pron* même 33

metade *nf* moitié 652

metro *nm* mètre 354

meu, minha *adj ; pron* mon, ma, le mien, la mienne 171

mil *adj* mille 42

milhão *nm* million 56

milhar *nm* millier 581

militar *adj ; nm* militaire 415

mim *pron* moi 429

mínimo, mínima *adj ; nm* minimal(e), minimum 762

ministério *nm* ministère 204

ministro *nm* ministre 119

minuto *nm* minute 309

missão *nf* mission 760

modelo *nm* modèle 623

modo *nm* manière, mode 212

moeda *nf* monnaie, pièce de monnaie 818

momento *nm* moment 141

morte *nf* mort 213

morto, morta *adj ; nom* mort(e), défunt(e) 684

mostrar *vb* montrer, présenter 757

movimento *nm* mouvement 383

mudança *nf* changement, déménagement 716

mudar *vb* changer 968

muito, muita *adv ; pron* très, beaucoup (de) 28

mulher *nf* femme 242

mundial *adj* mondial, mondiale 450

mundo *nm* monde 121

municipal *adj* municipal, municipale 276

município *nm* municipalité 846

museu *nm* musée 901

música *nf* musique 235

N

nação *nf* nation 752

nacional *adj* national, nationale 133

nada *pron* rien 201

não *adv* non, ne pas 9

natural *adj* naturel, naturelle 532

natureza *nf* nature 657

necessário, necessária *adj* nécessaire 394

necessidade *nf* nécessité 312

negociação *nf* négociation 471

negócio *nm* affaire 675

nem *conj* ni 72

nenhum, nenhuma *pron* aucun, aucune 411

ninguém *pron* personne 251

nível *nm* niveau 194

noite *nf* nuit 129

nome *nm* nom 144

nomeadamente *adv* notamment 346

normal *adj* normal, normale 899

norte *nm ; adj* nord, septentrional 284

nós *pron* nous 222

nos *pron* nous 20

nosso, nossa *adj ; pron* notre, nôtre 221

nota *nf* note, billet 876

notícia *nf* nouvelle 775

nove *adj* neuf 552

novembro *nm* novembre 497

novo, nova *adj* jeune, nouveau, nouvelle 84

número *nm* nombre, numéro 131

nunca *adv* jamais 125

O

o *art* le 2

o *pron* le 202

objetivo *nm* objectif 252

objeto *nm* objet 897

obra *nf* œuvre, ouvrage 164

obter *vb* obtenir 814

ocasião *nf* occasion 928

oficial *adj* officiel, officielle 462

oito *adj* huit 326

olhar *vb* regarder 749

olho *nm* œil 359

onde *adv ; pron* où 34

ontem *adv* hier 31

opção *nf* option 931

operação *nf* opération 464

opinião *nf* opinion 274

oportunidade *nf* opportunité 625

oposição *nf* opposition 341

ora *adv* maintenant 789

orçamento *nm* budget 859

ordem *nm* ordre 299

organização *nf* organisation 292

órgão *nm* organe 882

origem *nf* origine 413

ou *conj* ou 17

ouro *nm* or 787

outro, outra *adj ; pron* autre 65

outubro *nm* octobre 353

ouvir *vb* écouter 669

P

padre *nm* prêtre 811

pagamento *nm* paiement 717

pagar *vb* payer 535

pai *nm* père, parents *(au pluriel)* 418

país *nm* pays 66

palavra *nf* mot 364

palco *nm* scène 794

papel *nm* papier, rôle 260

par *nm* paire 885

para *prép* pour 7

parecer *vb* paraître, ressembler à 165

parlamentar *adj ; nm* parlementaire 642

parlamento *nm* parlement 475

parque *nm* parc 902

parte *nf* partie 49

participação *nf* participation 356

participar *vb* participer 779

particular *adj ; nm* particulier(ère) 605

particularmente *adv* particulièrement 905

partida *nf* départ 421

partido *nm* parti 344

partir *vb* partir 137

passado, passada *nm ; adj* passé(e) 295

passagem *nf* passage 569

passar *vb* passer 94

passo *nm* pas 655

património *nm* patrimoine 804

paz *nf* paix 298

pé *nm* pied 624

peça *nf* pièce 709

pedido *nm* demande 551

pedir *vb* demander 773

pena *nf* peine 484

pensar *vb* penser 602

pequeno, pequena *adj* petit, petite 577

perante *prép* devant, face à 407

percurso *nm* parcours 913

perder *vb* perdre 587

pergunta *nf* question 976

perigo *nm* danger 759

período *nm* période 259

permitir *vb* permettre 681

personagem *nf* personnage 539

perspetiva *nf* perspective 993

perto *adv* près 410

peso *nm* poids 662

pessoa *nf* personne 73

pessoal *adj ; nm* personnel, personnelle 466

pior *adj* pire 738

plano, plana *nm ; adj* plan, plat, plate 287

poder *vb ; nm* pouvoir 57

pois *conj* car, alors 172

polémica *nf* polémique 887

polícia *nf* police 302

política *nf* politique 86

político, política *nm ; adj* politique 293

ponte *nf* pont 854

ponto *nm* point 158

população *nf* population 270

popular *adj* populaire 710

por *prép* par, pour 10

pôr *vb* mettre, poser 560

porém *conj* mais, cependant, toutefois 375

porque *conj* parce que 43

porta *nf* porte 489

portanto *conj* donc 776

porta-voz *nm* porte-parole 782

português, portuguesa *nom ; adj* portugais, portugaise 136

posição *nf* position 195

posse *nf* possession 828

possibilidade *nf* possibilité 368

possível *adj* possible 143

posto *nm* poste 641

pouco, pouca *adj ; adv* peu de, peu 98

povo *nm* peuple 355

prática *nf* pratique 487

praticamente *adv* pratiquement, presque 712

prazo *nm* délai 337

precisamente *adv* précisément 763

precisar *vb* avoir besoin 365

preciso, precisa *adj* précis, précise 343

preço *nm* prix 519

prémio *nm* prix (récompense) 950

preocupação *nf* préoccupation 836

presença *nf* présence 267

presente *adj ; nm* présent(e), cadeau 485

presidência *nf* présidence 678

presidente *nm* président 61

pressão *nf* pression 816

pretender *vb* prétendre, avoir l'intention de 424

prever *vb* prévoir 740

primeiro, primeira *adj ; adv* premier(ère) 78

principal *adj* principal, principale 271

princípio *nm* principe, commencement 367

prisão *nf* prison 557

problema *nm* problème 157

processo *nm* procédé, processus 110

procurar *vb* chercher 476

produção *nf* production 304

produto *nm* produit 491

professor *nm* professeur 610

profissional *adj ; nm* professionnel(le) 647

programa *nm* programme 597

projeto *nm* projet 118

propósito *nm* but 698

proposta *nf* proposition 216

próprio, própria *adj* propre, même 170

proteção *nf* protection 830

prova *nf* preuve, épreuve 245

provavelmente *adv* probablement 990

próximo, próxima *adj* proche, prochain(e) 154

público, pública *adj ; nm* public, publique 90

Q

quadro *nm* tableau, cadre 486

qual *pron* lequel, laquelle, quel, quelle 116

qualidade *nf* qualité 269

qualquer *adj ; pron* n'importe quel(le),
      n'importe lequel, n'importe laquelle 80

quando *conj ; adv* quand 37

quanto, quanta *adj ; pron* combien 177

quarta-feira *nf* mercredi 690

quarto *nm ; adj* chambre, quart, quatrième 575

quase *adv* presque 111

quatro *adj* quatre 103

que *conj ; pron* que 3

queda *nf* chute 750

quem *pron* qui 62

querer *vb* vouloir, aimer 120

questão *nf* question 135

quilómetro *nm* kilomètre 498

quinta-feira *nf* jeudi 706

R

rádio *nf* radio 925

rapidamente *adv* rapidement 918

razão *nf* raison 311

real *adj* réel, réelle, royal, royale 660

realidade *nf* réalité 453

realização *nf* réalisation 449

realizar *vb* réaliser 651

receber *vb* recevoir 598

recente *adj* récent, récente 599

recentemente *adv* récemment 529

recuperação *nf* récupération 607

recurso *nm* moyen, ressources 800

rede *nf* filet, réseau 495

redução *nf* réduction 644

referência *nf* référence 891

referendo *nm* référendum 746

referir *vb* faire référence à 593

reforço *nm* renfort, renforcement 1000

reforma *nf* réforme, retraite 668

região *nf* région 208

regime *nm* régime 334

regional *adj* régional, régionale 702

regra *nf* règle 721

regresso *nm* retour, rentrée 617

rei *nm* roi 810

relação *nf* relation 149

relativamente *adv* relativement 630

relatório *nm* rapport 533

representante *nm* représentant(e) 674

representar *vb* représenter 826

república *nf* république 163

resolução *nf* résolution 834

resolver *vb* résoudre 682

respeito *nm* respect 412

respetivamente *adv* respectivement 979

responder *vb* répondre 942

responsabilidade *nf* responsabilité 563

responsável *adj* responsable 206

resposta *nf* réponse 332

restante *adj* restant, restante 553

resto *nm* reste 437

resultado *nm* résultat 226

reunião *nf* réunion 179

revelar *vb* révéler 851

revisão *nf* révision 822

revista *nf* revue 691

rio *nm* fleuve 646

risco *nm* risque 457

ritmo *nm* rythme 924

rua *nf* rue 583

S

sábado *nm* samedi 509

saber *vb* savoir 234

saída *nf* sortie 618

sair *vb* sortir 578

sala *nf* salle, salon 469

sangue *nm* sang 695

santo, santa *adj ; nm* saint, sainte 258

saúde *nf* santé 352

se *conj* si 109

se *pron* se, vous (politesse) 11

secretário *nm* secrétaire 403

século *nm* siècle 327

sede *nf* siège, soif 573

seguinte *adj* suivant, suivante 506

seguir *vb* suivre 479

segunda-feira *nf* lundi 579

segundo, segunda *adj ; nom ; prép*
deuxième, seconde, selon 63

segurança *nf* sécurité 231

seis *adj* six 185

seleção *nf* sélection 620

sem *prép* sans 35

semana *nf* semaine 127

sempre *adv* toujours 68

senão *conj* sinon, sauf 955

senhor (Sr.) *nm* monsieur (M.) 490

senhora *nf* dame, madame 920

sentido *nm* sens 174

sequência *nf* suite, séquence 538

ser *vb* être 12

série *nf* série 348

serviço *nm* service 230

sessão *nf* session, séance 357

sete *adj* sept 297

setembro *nm* septembre 400

setor *nm* secteur 247

seu, sua *pron* son, sa, leur 16

sexta-feira *nf* vendredi 513

significar *vb* signifier 824

silêncio *nm* silence 842

sim *adv* oui 373

simples *adj* simple 482

sinal *nm* signal, signe 745

sistema *nm* système 166

situação *nf* situation 99

só *adv ; adj* seulement, seul, seule 36

sob *prép* sous 229

sobre *prép* sur, à propos 24

sobretudo *adv* surtout 215

social *adj* social, sociale 150

socialista *adj* socialiste 536

sociedade *nf* société 282

soldado *nm* soldat 861

solidariedade *nf* solidarité 915

solução *nf* solution 402

som *nm* son 997

sorte *nf* chance, sort 898

subida *nf* montée 845

sucesso *nm* succès 596

suficiente *adj* suffisant, suffisante 952

sul *nm* sud 328

superior *adj* supérieur, supérieure 379

surgir *vb* surgir, apparaître, survenir 964

T

taça *nf* coupe 673

tal *adj* tel, telle 130

talvez *adv* peut-être 362

também *adv* aussi 25

tanto *adj ; adv* tant, tellement, autant 203

tão *adv* aussi, tellement 106

tarde *nf ; adv* après-midi, tard 145

taxa *nf* taxe, taux 438

te *pron* te, toi 586

teatro *nm* théâtre 460

técnico, técnica *adj ; nf* technique 613

televisão *nf* télévision 286

tema *nm* thème 448

tempo *nm* temps 55

tendência *nf* tendance 797

tentar *vb* tenter 542

tentativa *nf* tentative 807

ter *vb* avoir 26

terça-feira *nf* mardi 708

terceiro, terceira *adj* troisième 507

terminar *vb* terminer, se terminer 948

termo *nm* terme 502

terra *nf* terre 305

terreno *nm* terrain 454

território *nm* territoire 514

texto *nm* texte 439

tipo *nm* type 237

título *nm* titre 342

todo, toda *adj* tout, toute 44

tomada *nf* prise 743

tomar *vb* prendre 600

tornar *vb* retourner, recommencer, devenir 983

torno (em torno de) *nm* autour de 888

torre *nf* tour 906

total *adj ; nm* total, totale 253

totalmente *adv* totalement 940

trabalhador *nm* travailleur 236

trabalhar *vb* travailler 541

trabalho *nm* travail 92

tradição *nf* tradition 852

tradicional *adj* traditionnel, traditionnelle 962

tratamento *nm* traitement 606

tratar *vb* traiter 784

treinador *nm* entraîneur 783

três *adj* trois 47

tribunal *nm* tribunal 417

tu *pron* tu 857

tudo *pron* tout 74

U

último, última *adj* dernier, dernière 173

um, uma *art* un, une 6

união *nf* union 238

único, única *adj* unique 283

unidade *nf* unité 697

unido, unida *adj* uni, unie 240

universidade *nf* université 347

uso *nm* usage, utilisation 880

utilização *nf* utilisation 726

V

valer *vb* valoir 881

valor *nm* valeur 217

vantagem *nf* avantage 756

vários, várias *adj* plusieurs, divers(es) 214

velho, velha *adj* vieux, vieille 632

velocidade *nf* vitesse 954

vencer *vb* remporter, vaincre 909

venda *nf* vente 510

ver *vb* voir 102

verão *nm* été 731

verba *nf* montant 963

verdade *nf* vérité 232

verdadeiro, verdadeira *adj* vrai, vraie 936

vereador *nm* conseiller municipal 724

versão *nf* version 627

vez *nf* fois 45

via *nf* voie 442

viagem *nf* voyage 692

vice-presidente *nm* vice-président 987

vida *nf* vie 88

vigor *nm* vigueur 894

vila *nf* petite ville 371

vinte *adj* vingt 943

violência *nf* violence 664

vir *vb* venir 377

visitar *vb* visiter, rendre visite 406

vista *nf* vue 263

vítima *nf* victime 737

vitória *nf* victoire 290

viver *vb* vivre 683

volta *nf* retour, tour 268

voltar *vb* revenir, retourner, tourner 628

volume *nm* volume 820

vontade *nf* envie, volonté 408

voto *nm* vote, vœu 588

voz *nf* voix 416

Z

zona *nf* zone, région 192

Printed in Great Britain
by Amazon